Cu

Termina

Navegando Emociones, Finales y el Poder de Soltar

Dr. Joaquin R. Starr, Psy.D.

GENOSHA, LLC.

Descargo de responsabilidad

El editor y el autor no garantizan el nivel de éxito que usted pueda alcanzar al seguir los consejos y estrategias contenidos en este libro, y usted acepta el riesgo de que los resultados variarán para cada individuo. Los testimonios y ejemplos proporcionados en este libro muestran resultados excepcionales, los cuales pueden no ser aplicables al lector promedio, y no están destinados a representar ni garantizar que usted logrará los mismos o resultados similares

Impreso por Genosha, LLC.

Impreso en los Estados Unidos de América

Disponible en Amazon.com y otros puntos de venta

Primera Edición de Impresión, 2024

ISBN 9798301071720

Prólogo

La vida rara vez se presenta como la imaginamos. Nos desafía con giros inesperados y finales que no buscamos, obligándonos a redefinir nuestro camino una y otra vez. Este libro nace de esa experiencia: un recorrido lleno de pérdidas que marcaron mi vida, amores que dejaron huellas profundas, dolores que parecían insuperables y, finalmente, un renacimiento. Aquí encontrarás el testimonio de lo que significa aprender a soltar, abrazar los finales y descubrir la fortaleza para comenzar de nuevo.

A lo largo de este camino, aprendí una de las lecciones más importantes de mi vida, aunque tarde: cuando alguien te pide que te vayas, lo más sabio y amoroso que puedes hacer es marcharte. No por orgullo ni por resignación, sino porque respetar ese límite es un acto de amor propio y de respeto hacia el otro. El amor auténtico no se mide por cuánto resistimos, sino por nuestra capacidad de soltar con gratitud, sin resentimientos. Aceptar esto no fue fácil, pero fue necesario. A veces, el mayor gesto de amor es aprender a liberar y liberarte.

En medio de esas despedidas y finales, descubrí una fuerza interior que nunca supe que poseía. Me aferré a las palabras del merenguero dominicano Rubby Pérez, quien canta: "Sobreviviré", soltar no porque sea fácil, sino porque así debe ser. Esas palabras resonaron profundamente en mi alma y se convirtieron en mi mantra. Aprendí que, aunque la vida te arrebaté lo que más amas, jamás te quita lo aprendido ni la capacidad de amar nuevamente. Sobrevivir no es simplemente avanzar; es encontrar la forma de florecer, incluso en medio del dolor.

Este libro no pretende ofrecer respuestas perfectas ni soluciones rápidas. Es una invitación a reflexionar sobre los finales que enfrentamos en la vida, los cambios que parecen imposibles y las oportunidades que nacen de la pérdida. Aquí comparto las lecciones que aprendí: el poder de soltar sin resentimientos, de transformar los finales en comienzos, y de abrazar la esperanza incluso cuando parece que todo ha terminado.

Aunque cada despedida puede desgarrarnos, también es una semilla de algo nuevo. Cuando elegimos ver los finales con valentía y esperanza, en lugar de miedo, descubrimos que el futuro está lleno de posibilidades inesperadas.

Este libro es más que mi historia; es un reflejo del viaje que muchos recorremos. Mi esperanza es que estas páginas te ofrezcan consuelo\, inspiración y fuerza para enfrentarte a tus propios finales con la certeza de que nunca son el fin, sino un punto de partida hacia una versión más auténtica de ti mismo.

Bienvenido a este viaje. Cuando todo termina, siempre hay una nueva forma de comenzar.

Dedicatoria

Cuando todo termina, a veces, pese a nuestros mejores esfuerzos e intenciones—o incluso debido a ellas—las cosas llegan a su fin. Si hay una verdad que deseo que mi hija entienda sobre la vida, es que esta realidad forma parte de nuestra experiencia humana. Aunque no siempre la aceptemos ni la deseemos, sigue siendo lo que es: una parte inevitable del viaje. Sin importar lo que el futuro nos depare, una constante en mi vida será el amor incondicional que siento por ella y por nuestra familia.

Esta dedicatoria refleja una verdad fundamental: "aunque los finales sean inevitables, el amor permanece inalterable." A través de los desafíos y transiciones de la vida, el amor es la constante que perdura. Tú eres la promesa y el milagro que Dios me concedió, y el amor que siento por ti y por nuestra familia es ilimitado e inquebrantable. No importa a dónde nos lleve la vida ni cómo cambien nuestros caminos, este amor por ti y por nuestra familia permanecerá firme, intacto y eterno—un legado de amor que rezo nuestra familia llevará adelante y nunca olvidará.

Este mensaje resuena profundamente con los temas de este libro: la lucha, la decepción y la esperanza. Al final, es el amor lo que nos sostiene y lo único que verdaderamente nunca termina. Que nunca olvidemos la importancia de amarnos a nosotros mismos y de cultivar el amor hacia los demás, porque en la unión de estos amores encontramos la fuerza y la resiliencia para enfrentar cualquier desafío.

Agradecimientos

A lo largo de la creación de este libro, he tenido el privilegio de contar con personas extraordinarias que me han acompañado en cada paso de este viaje. Este libro es una reflexión sobre los finales, las luchas, la esperanza, y, sobre todo, sobre el poder transformador del amor y del soltar. Agradezco profundamente a todos aquellos que, con su apoyo y cariño, han sido faros de luz en mis momentos de oscuridad y guía en las transiciones más difíciles.

A mi amada hija, Keani: eres la promesa que Dios me hizo, y tu presencia es una fuente constante de amor y renovación. Este libro es, en muchos sentidos, un tributo a ti y al amor que compartimos, un amor que trasciende las palabras y los finales, y que es una fuerza que perdura y crece con el tiempo.

A mi familia—mi madre Claudia, mi padre Leon, y mi hermano Ly— su amor incondicional ha sido un recordatorio constante de que, aunque la vida esté llena de desafíos y transiciones, el amor es lo que verdaderamente permanece y nos sostiene.

Agradezco profundamente a mis suegros, Sonia y Bienvenido, por su apoyo constante y por ser mucho más que una familia; han sido una guía y un refugio en esta travesía, acompañándome con un cariño que nunca pasa desapercibido. A mis queridas hermanas, Heidy y Leticia, y a mis tres princesas, Daneidy, Heisy y Arlette, quienes me han enseñado el verdadero significado de la fortaleza y el amor. Su presencia en mi vida es una inspiración y una bendición que las palabras no alcanzan a expresar.

A mi comadre, compadre y Wendy ustedes son un regalo del cielo; siempre presentes, su apoyo ha sido incondicional y esencial en cada paso de este camino. A Maribel, gracias por tu cariño infinito y por ser un pilar de amor y fortaleza en mi vida; tu presencia ha sido un verdadero consuelo en mis momentos más difíciles y un recordatorio constante de que nunca camino solo. Y a mi cuñado Pacheche, cuya vida no ha sido fácil, pero que sigue adelante con una perseverancia y amor que admiro profundamente. Su ejemplo me inspira a valorar la fuerza que reside en la resiliencia y la belleza de nunca rendirse.

A Génesis, agradezco profundamente el tiempo que compartimos y los momentos que vivimos juntos, que dejaron huellas de aprendizaje, amor y crecimiento en mi vida. Gracias por ser parte de mi camino y por los recuerdos que formamos, que llevaré siempre en mi corazón. Te deseo, desde lo más sincero de mí, que encuentres la paz y la felicidad en cada paso que elijas, y que el amor y la alegría te acompañen en todos los rincones de tu vida.

A todos quienes contribuyeron a hacer realidad este proyecto—mis amigos, colegas y mentores—su aliento y sabiduría me dieron la fuerza para continuar, incluso cuando las dudas surgían. Este libro no solo refleja mi historia, sino también las lecciones que aprendí de cada uno de ustedes. Al final, es el amor lo que nos sostiene, lo que nos libera y nos impulsa a seguir adelante. Estoy eternamente agradecido por el amor y la fortaleza que he recibido de cada uno de ustedes.

Tabla de contenidos

Introducción

EL PODER DE SOLTAR

Soltar suele percibirse como un acto de renuncia, de dejar ir algo que alguna vez fue querido o profundamente deseado. Sin embargo, soltar no es abandonar ni aceptar una derrota; es una decisión consciente de liberar aquello que ya no nos sirve, para abrir espacio a nuevas experiencias. La verdadera fuerza de soltar reside en su capacidad para transformar, para liberarnos y permitirnos crecer, sanar y renovarnos.

En la vida, enfrentamos momentos en los que los finales se sienten insoportables: el cierre de una relación, la conclusión de una etapa, la pérdida de algo que alguna vez fue parte de nosotros. Estos momentos suelen traer consigo tristeza, miedo o incluso sensación de fracaso. Pero el acto de soltar nos invita a encontrar coraje, a ver los finales como parte del ciclo natural de la vida. Soltar es reconocer la impermanencia de todo y aprender que, al dejar ir lo que fue, abrimos el camino hacia lo que puede ser.

Este libro es una invitación a explorar el poder de soltar en todas sus formas, a ver los finales no como pérdidas, sino como oportunidades para transformarnos y redescubrirnos. En las páginas que siguen, viajaremos a través del dolor, la resiliencia y la esperanza que surgen de dejar ir. Aprenderemos a ver cada cierre no como un límite, sino como un umbral hacia nuevas posibilidades.

En el acto de soltar encontramos el amor: amor por nosotros mismos, por quienes apreciamos y por la vida que estamos destinados a vivir. Este amor nos da la fuerza para soltar lo que ya no se alinea con nuestro camino. Es un amor que perdura, que permanece en nuestras vidas mientras navegamos cambios y transiciones. Al soltar con amor, aprendemos a llevar con nosotros solo lo que realmente importa y a enfrentar cada nuevo capítulo con esperanza y apertura.

Te animo a reflexionar sobre las áreas de tu vida en las que soltar podría llevarte a una verdadera liberación. ¿A qué te estás aferrando que ya no te sirve? ¿Qué temores te impiden abrazar lo desconocido? Que en cada final encuentres una semilla de renovación, una oportunidad para redescubrirte y redescubrir el mundo que te rodea.

El poder de soltar no es solo dejar atrás; es avanzar con intención, claridad y un corazón dispuesto a aceptar lo que venga. Mi esperanza es que estas páginas te ofrezcan consuelo, perspectiva y una fe renovada en tu propio viaje. Al final, es este viaje el que nos moldea, recordándonos que, aunque los finales sean inevitables, también llevan en sí las semillas de nuevos comienzos.

Propósito del Libro

El propósito de este libro es explorar la importancia de aceptar los finales y aprender a soltar, entendiendo que estos actos son esenciales para nuestro crecimiento personal y resiliencia. A lo largo de la vida, nos enfrentamos a transiciones que nos desafían a dejar atrás aquello que alguna vez fue importante, y aunque estos momentos suelen traer dolor o nostalgia, también nos brindan la oportunidad de abrirnos a nuevas experiencias y formas de ser.

¡Soltar no es un acto de debilidad! Es un acto de amor propio, una manera de honrar lo que fue sin permitir que nos defina o limite. Al aprender a soltar, abrazamos la impermanencia de la vida, reconociendo que cada final es una oportunidad para redescubrirnos y avanzar con mayor claridad y propósito.

Este libro busca servir como guía para comprender el poder transformador de soltar. A través de sus páginas, exploraremos cómo los finales pueden ser no solo puntos de cierre, sino portales hacia el autoconocimiento y el renacimiento personal. Mi esperanza es que estas reflexiones te inspiren a ver en cada final un nuevo comienzo y a encontrar en el acto de soltar una fuente de paz y libertad, permitiéndote caminar con el corazón abierto hacia lo que la vida tiene preparado.

Temas del Viaje

Este libro se construye sobre cuatro pilares fundamentales: *los finales, el amor, la lucha y la esperanza.* Cada uno de estos elementos es parte esencial de nuestra vida, marcando momentos de transición y cambio que nos desafían y, al mismo tiempo, nos ayudan a crecer. *Los finales* nos enfrentan a la necesidad de soltar y nos enseñan a abrirnos a lo nuevo. *El amor*, en todas sus formas, es la fuerza que da sentido a nuestras experiencias, uniendo y nutriendo nuestro espíritu. *La lucha* nos muestra nuestra fortaleza, empujándonos a confrontar nuestras sombras y encontrar una resiliencia que desconocíamos. Y *la esperanza* es la luz que nos guía en la oscuridad, recordándonos que, aunque todo parezca perdido, siempre hay espacio para un nuevo comienzo.

A lo largo de estas páginas, exploraremos cómo estos pilares actúan en conjunto, moldeando nuestras vidas y permitiéndonos transformarnos. Que este viaje sea una oportunidad para descubrir en cada final una semilla de crecimiento, en cada lucha una fuente de fortaleza, y en cada nuevo comienzo un espacio para el amor y la esperanza.

Invitación Personal

Este libro es una invitación a mirar hacia adentro y reflexionar sobre las experiencias que han marcado tanto tu vida como la mía. A través de estas páginas, espero que encuentres un espacio donde puedas explorar tus propios finales, tus momentos de lucha, y las oportunidades de renovación que surgen en cada transición. La vida está llena de cambios, algunos de ellos esperados, otros que llegan sin previo aviso, pero todos tienen el potencial de enseñarnos, de liberarnos y de fortalecer nuestra esencia.

Mi deseo es que estas reflexiones te ofrezcan paz y valor, que encuentres en el acto de soltar no solo un cierre, sino también un nuevo comienzo. Que este viaje te inspire a ver cada desafío como una oportunidad para descubrir una parte más profunda de ti mismo y que, en cada transición, halles el coraje para avanzar con un corazón abierto y la certeza de que siempre hay un camino hacia adelante.

Motivación Personal y Contexto

He llegado a comprender el impacto de los finales a través de experiencias que han transformado mi vida. Uno de los momentos que marcó mi percepción fue el día en que enfrenté la pérdida de mi hijo. En ese instante, comprendí que la vida, tal como la conocía, había cambiado para siempre. El dolor fue inmenso, pero también me ofreció una elección: aferrarme al vacío que dejó, o encontrar el coraje para avanzar y abrirme a una nueva forma de vivir.

Al igual que las estaciones del año, los finales siguen un ciclo propio. Su llegada no siempre es bienvenida, pero trae consigo la oportunidad de soltar lo que ya no puede permanecer y de abrirse a lo nuevo. Esta motivación nace de mi deseo de compartir las lecciones que he aprendido en medio de estos cambios, con la esperanza de brindar a quienes atraviesan su propio ciclo de cierre una perspectiva que les permita ver en los finales no un punto de pérdida, sino un espacio de renovación.

Cita

"Solo los valientes entienden que el amor verdadero no es posesión, sino libertad. Dejar ir no es perder, es evolucionar. Soltar con gratitud no cierra capítulos, abre universos."

—Dr. Joaquin Starr, PsyD.

Capítulo 1

La Complejidad de las Emociones

Mi Camino en la Oscuridad: Aceptando el Dolor, la Fragilidad y la Esperanza

Cada día es un acto de supervivencia, una lucha constante contra la mezcla de dolor, pérdida, y esa sensación de vacío que llega cuando la vida parece arrebatarte todo lo que amas. Al levantarme, llevo el peso de los finales que he enfrentado: ser rechazado por mi trabajo, sentir cómo el amor de mi vida se desvanece, y la pérdida irreparable de mi hijo. Es como si cada pérdida se sumara, cada final agrandara la herida, y lo que queda es una mezcla de emociones que luchan por espacio en mi corazón—emociones que ni siquiera puedo nombrar del todo, porque duelen más de lo que las palabras alcanzan a explicar.

A veces, los días pasan en una especie de negación silenciosa, un intento desesperado de protegerme de la realidad. Me digo a mí mismo que el dolor disminuirá, que encontraré una forma de sanar, de seguir adelante. Pero hay momentos en que el choque de la realidad vuelve con fuerza, recordándome que la vida que conocía, la estabilidad que alguna vez consideré segura ya no existe. En esos momentos, la negación se convierte en una especie de refugio temporal, un espacio que me da tiempo para juntar la fuerza que necesito para enfrentar lo que queda.

El dolor de cada pérdida trae consigo una fragilidad única, una sensación de estar al borde, donde cada paso parece incierto y cada elección se siente arriesgada. Estoy en el umbral, entre aferrarme a lo que alguna vez fue y dejarme caer en lo desconocido, un espacio que me desafía a aceptar mi vulnerabilidad como algo más que debilidad. En esa fragilidad, hay una apertura, una invitación a permitirme sentir todo—la tristeza, el miedo, la frustración—sin reprimirme, sin juzgarme.

Lo que me ayuda a seguir adelante es el recordatorio constante de que este dolor, por devastador que sea, no es permanente. Me recuerdo que cada final, por duro que sea, lleva consigo la posibilidad de un nuevo comienzo. He aprendido a abrazar los pequeños momentos de paz que surgen entre la tormenta, a valorar las personas que aún me rodean, y a encontrar esperanza en los recuerdos que aún me acompañan. Es un proceso de aceptar que, aunque estas pérdidas han dejado cicatrices, también han dejado enseñanzas que me están transformando.

Al permitirme sentir, he comenzado a comprender que sanar no es una meta a la que se llega de inmediato; es un camino que se recorre un paso a la vez. La aceptación llega lentamente, y en cada paso hay una oportunidad de crecer. Estos finales, aunque a menudo parecen insuperables, me están enseñando a encontrar una fortaleza que nunca supe que tenía. Me han mostrado que la vida, aunque cruel a veces, también es un ciclo de renacimiento, y que, de alguna manera, este dolor puede ser una puerta hacia algo nuevo, un espacio para redescubrirme y para encontrar un propósito que trascienda la pérdida.

A pesar de todo, sigo adelante. Mi hija, el amor por aquellos que aún forman parte de mi vida, y la promesa de un futuro que aún no comprendo completamente son mi motivación para levantarme cada día. Aunque estoy en medio de la oscuridad, aunque cada paso parece incierto, sigo avanzando, sabiendo que este dolor es parte del viaje, que mi vulnerabilidad no es una carga, sino una prueba de que estoy abierto a la vida, con todo lo que trae. Y aunque no tengo todas las respuestas, sé que permitirme sentir, aceptar mi fragilidad y enfrentar este proceso de cierre me están llevando hacia una versión más fuerte y auténtica de mí mismo.

El Dolor

Reflexiones Sobre la Paternidad, el Amor y la Pérdida

Hay momentos que marcan un antes y un después, que alteran la vida tal como la conocíamos. Perder a un hijo es uno de esos momentos, un golpe tan profundo que las palabras apenas logran tocar la superficie del dolor. Cuando Diego se fue, sentí que una parte de mí también desaparecía. El mundo cambió, fragmentándose en mil pedazos. Y, sin embargo, su ausencia se convirtió en una enseñanza silenciosa. Diego me dejó la lección de valorar la fugacidad de la vida y apreciar cada instante junto a quienes amamos. Aunque su paso por este mundo fue breve, su amor sigue siendo una presencia constante en mi vida.

La paternidad ha sido una constante, un refugio en medio de la tormenta. El amor incondicional que siento por mis hijos— Jhonathan, Gabrielle y Keani—me ha dado una comprensión más profunda del valor de los finales y de los comienzos. Cada uno de ellos me ha enseñado algo único y esencial, una sabiduría que llevo conmigo cada día. La presencia de Diego, aunque en la distancia, es una herida y un recordatorio de la fragilidad de la vida, y del amor que trasciende incluso la pérdida.

Keani, mi hija menor, llegó cuando creía que la paternidad había cerrado su ciclo en mi vida. Ella representa una segunda oportunidad, una luz que surgió en medio de la oscuridad. Cada sonrisa y cada pequeño logro me recuerda que, a pesar de la pérdida, siempre hay algo por lo cual levantarse. En ella veo una esperanza que trasciende el dolor y las dificultades, una pureza que ilumina el presente y nos invita a seguir adelante.

La paternidad, en su esencia, es una lección continua de amor, sacrificio y resiliencia. Jhonathan y Gabrielle también me han dado lecciones profundas a lo largo de los años. Jhonathan, con su fuerza y determinación, me ha enseñado a enfrentar los desafíos con valor, a mantenerme firme incluso en momentos difíciles. Gabrielle, con su sensibilidad y empatía, me ha mostrado el poder de la conexión humana y la importancia de la compasión. Cada uno de mis hijos, a su manera, ha contribuido a mi crecimiento y me ha regalado una perspectiva única sobre el amor y la vida.

Con Keani, sin embargo, algo es diferente. Quizás sea porque llegó tras tantas pérdidas, tantos finales, o porque su nacimiento fue un renacimiento que jamás pensé experimentar. Su presencia me ha enseñado a ser más paciente, a valorar cada momento como un regalo. Con ella, he aprendido que el amor verdadero no es perfecto; es caótico, desafiante, pero también increíblemente hermoso.

El amor que comparto con cada uno de mis hijos, en su presencia y en la memoria de Diego, es un recordatorio constante de que, incluso cuando una etapa llega a su fin, la vida sigue ofreciendo nuevas oportunidades para crecer, aprender y volver a amar. A través de la paternidad, he llegado a entender que el amor no es estático; es dinámico, evoluciona y se adapta a las circunstancias de la vida. Aunque los finales puedan ser dolorosos, el amor siempre encuentra una forma de permanecer, transformando lo que parece pérdida en una oportunidad para un nuevo comienzo.

Mi esperanza es que estas experiencias, al compartirse, ofrezcan a los lectores la valentía para soltar, la fuerza para sanar y la sabiduría para abrazar los nuevos comienzos que incluso los finales más difíciles pueden brindar. Que estas reflexiones sobre la paternidad y el amor sirvan como una guía para aquellos que enfrentan sus propios desafíos.

Y que puedan ver que, aunque el camino a veces parezca oscuro, siempre hay una luz al final del túnel y siempre hay amor, listo para guiarnos hacia el próximo capítulo de nuestras vidas.

Amor y Despedidas

Recuerdo el día en que mi relación con Génesis, la madre de mi hija menor, llegó a su fin. Ella fue el amor de mi vida, la persona en quien siempre había imaginado un futuro compartido. Con ella, soñé con una vida llena de complicidad y apoyo mutuo, pero con el tiempo, esos sueños se fueron desmoronando. La distancia entre nosotros había ido creciendo poco a poco, y una tristeza comenzó a asentarse en mí, una tristeza que nació de una necesidad insatisfecha de sentirme valorado y comprendido.

A lo largo de nuestra relación, siempre pensé que mi amor y mi compromiso serían suficientes para superar cualquier obstáculo. Quería ser la persona en quien ella pudiera confiar sin reservas, alguien a quien recurriera por encima de todo. Pero con el tiempo, comprendí que, en el fondo, nunca creyó verdaderamente en mí. Creyó en todo y en todos, menos en mí. Me sentía solo, intentando constantemente demostrar mi lugar en su vida, buscando ser su refugio y su pilar. Sin embargo, en lugar de encontrar apoyo, lo que recibí fueron dudas y reproches. Esa carga se volvió insoportable, porque no solo me hizo

a un lado, sino que además me señaló como el culpable de nuestra distancia, como si el amor que le ofrecía jamás hubiera sido suficiente.

Llegó un punto en el que todo lo que habíamos compartido parecía desmoronarse. Cuando finalmente escuché las palabras "Ya no quiero esto," supe que nuestros caminos se separaban. Pero la herida más profunda no fue el final en sí, sino el peso de la culpa que me dejó. Intenté ser el compañero que ella necesitaba, pero al final, solo recibí miradas de sospecha y preguntas que nunca pude responder de una forma que la satisficiera. Me hizo sentir como si cada paso que di hacia ella hubiera sido en vano.

Dejar ir a Génesis fue una de las pruebas más duras que he tenido que enfrentar. Cada recuerdo feliz se convirtió en un recordatorio de todo lo que no había sido suficiente para ella, de cómo nuestros sueños se transformaron en fantasmas de lo que alguna vez imaginamos juntos. En los días y meses que siguieron, sentí cómo el resentimiento y el dolor se aferraban a mí, complicando aún más el proceso de soltar. Resistimos finales como este porque implican enfrentar no solo la pérdida de la persona, sino también la pérdida del futuro que habíamos visualizado. Me costó aceptar que, aunque mi amor por ella era profundo, nunca fui esa figura en la que ella pudiera confiar completamente.

Con el tiempo, comprendí que el final de nuestra relación no fue un fracaso, sino una prueba de que, a pesar de todo, nuestros caminos tomaron rumbos distintos. A veces, soltar es el mayor acto de amor que se puede ofrecer. Entendí que quedarme habría significado luchar contra la carga de sus reproches y la pesada sombra de la desconfianza. Mi amor era real, pero mantenerme en esa situación solo habría dañado aún más a ambos. Soltar fue un acto de respeto, una aceptación de que el amor, para ser verdadero, también debe reconocer cuando no es correspondido en la misma medida.

A través de este proceso de despedida, descubrí un espacio para sanar. No fue inmediato ni fácil, pero, poco a poco, empecé a redescubrirme. Aprendí que el amor no se desvanece porque una relación termine; el amor puede permanecer, en silencio, como un recuerdo que nos fortalece. Mi amor por Génesis, en muchos aspectos, sigue vivo, y atesoro lo que compartimos. Ese amor que una vez nos unió me dio la fortaleza para seguir adelante, incluso cuando comprendí que nuestro lugar en la vida del otro ya no sería el mismo.

Nuestra hija, se convirtió en el recordatorio de aquel amor compartido. En ella veo algo de ambos, y aunque la relación con su madre tomó un rumbo diferente al que alguna vez soñé, ella sigue siendo la luz que me guía, una prueba de que el amor nunca se desvanece por completo. Keani es la presencia constante que me recuerda que, aunque el amor y la despedida pueden ir de la mano, lo que permanece siempre encuentra una forma de iluminar el camino hacia un nuevo comienzo.

Trabajo: De la Estabilidad a la Incertidumbre

Otro final significativo en mi vida fue cuando tomé la difícil decisión de alejarme de la empresa que mi hermano y yo habíamos comenzado juntos, un proyecto que, en algún momento, fue el sueño de mi vida. Durante años, invertí todo mi corazón en ese negocio, profundamente conectado con su misión y con las personas que formaban parte de él.

Construirlo desde cero fue algo que siempre había imaginado, y por mucho tiempo, sentí que estaba viviendo mi propósito. Sin embargo, a medida que los años pasaron, las cosas empezaron a cambiar. La dinámica en el trabajo se transformó, la pasión que antes me impulsaba comenzó a desvanecerse, y cada día se convirtió en una lucha por resistir en lugar de una búsqueda de significado. Me encontraba caminando sobre cáscaras de huevo, anticipando cada problema que podía surgir, constantemente preparado para enfrentar el estrés de las incertidumbres y las dificultades sin fin.

Mientras el trabajo absorbía cada vez más de mi tiempo y energía, comencé a darme cuenta de que estaba priorizando la empresa y a mi socio por encima de mi propia familia. Sin darme cuenta, el negocio se había convertido en el centro de mi vida, y Genesis y nuestra hija, habían quedado relegadas a un segundo plano. El peso de las responsabilidades no solo afectó mi vida profesional, sino que lentamente se filtró en mi vida personal, contribuyendo directamente al colapso de mi relación con Genesis. El hombre que había sido al inicio—entusiasta y lleno de propósito—se desvaneció bajo la presión de las expectativas y las obligaciones. El trabajo, que alguna vez me había dado sentido, ahora me estaba consumiendo, y lo más doloroso fue darme cuenta de que también estaba perdiendo a las personas que más amaba.

La presión del trabajo, combinada con la persona en la que me había convertido bajo esa carga, desgastó profundamente nuestra conexión. Me di cuenta de que había cambiado, no solo como pareja, sino también como ser humano. Genesis y Keani necesitaban al hombre

que una vez fui, pero me había alejado de esa versión de mí mismo.
La decisión de irme no se trataba únicamente de dejar el trabajo; era
un acto de confrontación con lo que había sacrificado en mi relación
y cuánto de mí mismo había perdido en el camino.

Alejarme de algo tan estable, algo que ayudé a construir, no fue fácil.
No experimenté alivio inmediato al renunciar; en realidad, me invadió
el miedo. El temor a lo desconocido era intenso, pero también lo era
el agotamiento que venía con cada día que permanecía en ese ciclo
destructivo. Sin embargo, a pesar del miedo, sentí un alivio silencioso
al ya no tener que soportar la carga constante de la anticipación. No
más noches de insomnio preocupándome por qué crisis surgiría al día
siguiente. No era simplemente dejar un empleo; era romper un ciclo
que estaba erosionando tanto mi vida personal como profesional.

Cerrar ese capítulo fue una mezcla de nostalgia y liberación. Por un
lado, el miedo a lo desconocido me aterraba, pero el miedo a
quedarme, a seguir siendo una versión de mí mismo constantemente
agotada y distante, era aún más asfixiante. Permanecer habría
significado perderme aún más, y en ese momento, supe que necesitaba
algo más que estabilidad; necesitaba reconectar conmigo mismo, con
lo que realmente valoraba en la vida y, sobre todo, con mi familia.

Esa decisión, aunque difícil, me obligó a enfrentar la incomodidad de
la incertidumbre y a explorar caminos que nunca habría considerado.
Me recordó que, a veces, avanzar significa soltar aquello que ya no nos
sirve, lo que nos impide crecer. Incluso si adentrarse en lo desconocido
da miedo, es allí donde solemos encontrar las respuestas que

buscamos. Este cambio me brindó la oportunidad de redefinir lo que realmente significaba el éxito, no solo a nivel profesional, sino también a nivel personal. Me permitió volver a descubrir la paz interior y el valor de mi familia, a quienes había descuidado en mi búsqueda de algo que creía necesario, pero que, en realidad, me estaba alejando de lo que más importaba.

Explorando el Comienzo de un Final

El inicio de un final es, en muchas ocasiones, un susurro casi imperceptible. A veces es solo un cambio sutil en el tono de una conversación, una ausencia prolongada entre palabras o un sentimiento de distancia que se instala sin previo aviso. Otras veces, el final llega como un trueno repentino, un golpe que sacude nuestras certezas y nos deja sin tiempo para prepararnos. En cualquiera de sus formas, el comienzo de un final lleva consigo una fragilidad única, una mezcla de esperanza y temor, de resistencia y aceptación.

Es en esos primeros momentos donde comienza a dibujarse la silueta de la pérdida. Sin embargo, el primer impulso humano suele ser negar, ignorar el dolor inminente y aferrarse a la idea de que quizás todo sigue igual. Esta etapa inicial está marcada por el choque y la negación, y el intento, consciente o inconsciente, de evitar enfrentar la realidad de lo que está sucediendo. Negarse a aceptar el final puede ser una estrategia momentánea para proteger el corazón, pero también es una barrera que nos impide empezar el proceso de sanación y aceptación.

Los Signos Sutiles y Abruptos de un Final

Los finales pueden anunciarse de muchas formas. En ocasiones, su llegada es tan suave que pasa desapercibida hasta que ya es imposible ignorarla. Puede ser una mirada esquiva, una conversación que se vuelve difícil, un mensaje que tarda demasiado en responderse o el silencio incómodo que se instala donde antes había risas. Estos indicios pueden aparecer lentamente, acumulándose en el trasfondo de nuestra vida cotidiana, como una sombra que no queremos ver.

Pero no todos los finales son tan delicados. Hay veces en que la vida nos sorprende con cambios abruptos, situaciones que rompen con la normalidad y nos obligan a enfrentarnos a un final sin previo aviso. Una llamada inesperada, una decisión que no esperábamos, una enfermedad que irrumpe sin preguntar. Estos momentos llegan como una bofetada, despojándonos de la ilusión de permanencia y estabilidad. En estos casos, el impacto inicial puede ser abrumador, y la realidad del final se vuelve difícil de asimilar.

Negación y Choque: La Reacción Inicial

El primer encuentro con el final suele estar teñido de negación y choque. La mente y el corazón, ante la posibilidad de pérdida, activan un mecanismo de defensa, como si al ignorar la verdad pudieran evitar que se haga realidad. La negación es esa pequeña voz que insiste en que todo sigue igual, que intenta convencernos de que los cambios son solo temporales o de que quizás estamos exagerando. Esta fase de negación es una respuesta instintiva al miedo de soltar, de dejar ir aquello a lo que nos hemos aferrado con tanto empeño.

El choque, por otro lado, es una respuesta visceral, un golpe al alma. Cuando finalmente nos damos cuenta de que el final es inevitable, el cuerpo y la mente experimentan una especie de parálisis emocional. En esta etapa, la mente busca explicaciones, justificaciones y razones para aquello que parece no tener sentido. "¿Cómo llegamos aquí?" "¿Por qué está pasando esto?" Son preguntas que surgen casi automáticamente en el intento de racionalizar una situación que nos duele   profundamente.

La negación y el choque son, en esencia, una resistencia a aceptar la fragilidad de todo lo que considerábamos sólido y permanente. Ambos sentimientos nos protegen temporalmente de la realidad, dándonos un respiro antes de sumergirnos en el proceso de aceptar lo que está por venir. Pero prolongar esta etapa puede ser contraproducente. Aferrarse a la negación, aunque momentáneamente reconfortante, puede retrasar el proceso de aceptación y sanación que necesitamos para enfrentar el final con entereza.

La Fragilidad en el Umbral del Final

En los momentos en los que reconocemos el comienzo de un final, nos encontramos en una especie de umbral, un espacio delicado y transformador entre lo que fue y lo que está por venir. Este umbral, aunque frágil, contiene una chispa de esperanza y la promesa de nuevos comienzos. A medida que miramos hacia atrás, aferrándonos a los recuerdos y al amor que hemos conocido, también empezamos a sentir la atracción inevitable del cambio. Aquí es donde surge una elección: quedarnos en la seguridad de lo conocido o avanzar hacia lo desconocido, permitiéndonos soltar con la confianza de que algo bueno nos espera.

Aceptar esta fragilidad nos da la oportunidad de transitar este proceso con más paz y menos resistencia. Reconocer que cada final trae una vulnerabilidad única nos permite comprender nuestros propios miedos, aceptarlos y dar paso al cambio a nuestro propio ritmo. Esta fragilidad en el inicio del fin no es una señal de debilidad, sino de valentía; es una apertura hacia el crecimiento y un indicio de que estamos permitiendo que la vida siga su curso natural. Con cada paso hacia adelante, aprendemos que, aunque el camino incluya despedidas, también se ilumina con la promesa de un renacer.

Permitiéndonos Sentir para Avanzar

La negación y el choque son, al final, solo el comienzo de un proceso más profundo de aceptación y transformación. Negarse a enfrentar el final puede prolongar el dolor, pero permitirnos sentir cada emoción nos ayuda a avanzar. Aceptar que estamos en un proceso de cierre nos da la oportunidad de prepararnos emocionalmente, de reflexionar sobre lo que dejamos atrás y de empezar a imaginar lo que vendrá después.

En este capítulo, hemos explorado esa primera etapa del final, donde la fragilidad y la resistencia se encuentran. La negación y el choque nos protegen temporalmente, pero también nos recuerdan la importancia de soltar, de permitirnos sentir y de aceptar la transición hacia un nuevo capítulo. Porque, al final, cada final es también un comienzo, una invitación a descubrir lo que aún no hemos visto, a experimentar lo que aún no hemos vivido, y a aceptar lo desconocido con el corazón abierto.

La Inevitabilidad de los Finales

Uno de los mayores desafíos en la vida es aceptar la inevitabilidad de los finales. Por mucho que deseemos aferrarnos a los momentos, a las relaciones o a las situaciones que nos brindan consuelo y alegría, todo a nuestro alrededor está en un estado constante de cambio. Esta realidad puede ser inquietante, incluso aterradora, ya que nos obliga a enfrentar la verdad de que nada permanece igual, y que lo que alguna vez sentimos como estable o seguro puede, con el tiempo, desvanecerse.

Es natural que intentemos resistirnos a esta verdad. Nos aferramos a la idea de permanencia, buscando en nuestras conexiones y experiencias una sensación de seguridad y continuidad. Pero cada final nos recuerda lo contrario: que la vida es impermanente, y que la estabilidad a la que nos aferramos es en realidad un espejismo. La naturaleza de los finales nos enfrenta a la fragilidad de todo lo que amamos y nos desafía a aceptar que, por mucho que intentemos detener el cambio, no podemos detener el paso del tiempo ni el curso natural de la vida.

Aceptar esta transitoriedad es, en sí mismo, un acto de valentía. Requiere aprender a soltar, a dejar ir con gracia aquello que ya no forma parte de nuestro camino, y a confiar en que, aunque algo hermoso haya llegado a su fin, siempre existen nuevas posibilidades esperándonos. Este proceso de aceptación no es fácil y, a menudo, viene acompañado de un profundo dolor y una sensación de vacío. Sin embargo, en el acto de soltar encontramos la libertad de abrirnos a lo que está por venir, de redescubrirnos y de construir una vida en la que el cambio no es una amenaza, sino una oportunidad de crecimiento.

En última instancia, abrazar la inevitabilidad de los finales es también una manera de honrar lo que hemos vivido. Cada experiencia, cada relación y cada momento forman parte de nuestra historia, y aceptar que han cumplido su propósito en nuestras vidas nos permite llevar esos recuerdos con nosotros, sin el peso de la resistencia o la negación. Al aprender a soltar, no solo enfrentamos la realidad de que nada es permanente, sino que también nos abrimos a la posibilidad de vivir plenamente, apreciando cada instante y cada conexión con una conciencia renovada de su valor temporal.

Aceptar que todo cambia y que los finales son parte de la vida nos enseña a vivir con mayor profundidad, a valorar lo que tenemos mientras lo tenemos y a dar la bienvenida a lo nuevo con el corazón dispuesto. Aunque el cambio nos desafíe, también nos muestra que en cada final hay un inicio esperando para mostrarnos algo que aún no hemos descubierto.

Aceptar el Cambio

Desde el momento en que nacemos, la vida es una serie de transiciones y finales. La infancia da paso a la adolescencia, y la adolescencia se transforma en la adultez. Las amistades evolucionan o desaparecen. Los hitos como las graduaciones, los cambios de trabajo y las jubilaciones marcan el cierre de un capítulo y la apertura de otro. Estos cambios, aunque naturales e inevitables, traen consigo una mezcla agridulce de emociones: emoción por lo que está por venir y una profunda gratitud por lo que estamos dejando atrás. Aunque cada despedida pueda sentirse como una pérdida, también es una oportunidad para la expansión, para redescubrirnos y permitir que lo nuevo florezca en nosotros.

Los finales pueden ser difíciles porque a menudo llegan sin invitación. Interrumpen nuestra sensación de control, nos sorprenden y nos exigen dejar ir. Una relación que parecía inquebrantable puede disolverse inesperadamente, un trabajo soñado puede sernos arrebatado sin previo aviso, o la pérdida de un ser querido puede dejarnos enfrentando un vacío que nunca anticipamos. En estos momentos, es natural querer resistirnos, aferrarnos con fuerza a lo que tenemos, desear más tiempo, resultados diferentes. Sin embargo, cuanto más nos aferramos a lo que fue, más sufrimos bajo el peso de lo inevitable. Aprender a soltar no es renunciar al amor o a los recuerdos, sino darles un lugar dentro de nosotros y permitir que se transformen.

Comprender que los finales son una parte intrínseca de la vida trae consigo una sensación de paz y liberación. En lugar de verlos como momentos a temer o evitar, podemos empezar a verlos como pasos esenciales en nuestro camino. Cada final crea un espacio único para que algo nuevo entre. Nos ofrece la oportunidad de renovarnos y transformarnos, permitiéndonos crecer más allá de los límites de nuestras experiencias actuales. Lo que en el momento se siente como una pérdida es a menudo la puerta de entrada a nuevas experiencias, conexiones y oportunidades que nunca habríamos imaginado si hubiéramos permanecido anclados en el pasado. En cada final hay una semilla de posibilidad esperando florecer.

Esto no significa que los finales sean fáciles de aceptar. Pueden ser dolorosos, incluso desgarradores, especialmente cuando llegan de manera inesperada. Sin embargo, ¿qué pasaría si, en lugar de resistirnos a estos finales, los abrazáramos? ¿Si nos permitiéramos llorar, reconocer la tristeza de la pérdida y, al mismo tiempo, confiar en que cada final forma parte de un viaje más grande que la vida nos ha trazado? Al hacerlo, nos abrimos a la sanación y a la fuerza que surge con la aceptación, uniendo nuestras esperanzas al ciclo natural de la vida.

La inevitabilidad de los finales no es simplemente un hecho de la vida; también es una verdad suave y poderosa. La vida avanza, a menudo de formas que no podemos predecir, y los finales son una parte crucial de ese impulso hacia adelante. Nos desafían a adaptarnos, a soltar lo familiar y a aventurarnos en lo desconocido, donde, paradójicamente, muchas veces encontramos nuestros mayores logros y alegrías. Los finales nos obligan a dejar atrás viejas identidades y apegos, abriendo un espacio en el que pueden surgir nuevas versiones de nosotros mismos, libres de los límites del pasado.

Además, los finales nos regalan una profunda conciencia de que todo es temporal. Esta realización, aunque humilde, profundiza nuestra capacidad de apreciar el momento presente. Cuando sabemos que algo no durará para siempre, estamos más inclinados a valorarlo mientras está aquí, a honrar cada experiencia, cada relación, cada instante. Los finales, entonces, no son solo sobre la pérdida; son un recordatorio de la belleza y el valor de cada momento y una invitación a vivir con el corazón abierto y lleno de gratitud.

Al abrazar la verdad de los finales, dejamos de verlos como enemigos y empezamos a honrarlos como guías en nuestro camino. Nos recuerdan que la impermanencia tiene su propia belleza, enseñándonos a vivir más plenamente, a amar con más profundidad y a soltar cuando es el momento adecuado. Porque sin finales, no habría espacio para nuevos comienzos. Es a través de este ciclo, de aceptar y soltar, que realmente florecemos, encontrando un propósito más grande y una conexión más profunda con la vida misma.

Los finales, entonces, no son el fin de la historia. Son simplemente el comienzo de un nuevo capítulo, un capítulo que guarda el potencial de crecimiento, transformación y, en última instancia, la promesa de que, aunque un ciclo cierre, otro siempre estará listo para comenzar, lleno de nuevas posibilidades.

El Impacto Emocional de los Finales

El impacto emocional de los finales es una experiencia profunda y multifacética. Cuando algo llega a su fin, ya sea una relación, una etapa de la vida, o incluso un sueño muy querido, a menudo nos deja lidiando con una mezcla de emociones intensas que pueden ser difíciles de procesar. La razón por la que los finales son tan cargados emocionalmente es porque nos obligan a enfrentar la realidad del cambio—la sensación de finitud para la cual quizás no estábamos preparados, y el hecho de que la vida, tal como la conocíamos, ha cambiado.

Duelo y Pérdida

En el corazón de la mayoría de los finales yace un profundo sentimiento de duelo. No se trata solo de la ausencia física de lo que hemos perdido, sino del peso emocional de soltar los sueños, esperanzas y planes que alguna vez estuvieron entrelazados con esa experiencia. Incluso cuando sabemos lógicamente que algo ha llegado a su fin o que ya no nos sirve, nuestros corazones se aferran a la familiaridad, al consuelo, y a la sensación de identidad que esas experiencias o relaciones nos brindaban.

El duelo no es simplemente lamentar el pasado; es también reconciliarse con el futuro que pensábamos que tendríamos. La pérdida no reside solo en lo que fue, sino en lo que podría haber sido. Lloramos por el potencial: relaciones que creíamos que durarían, oportunidades que pensamos que continuarían, y la visión de la vida que habíamos imaginado. Ese reconocimiento, de que el futuro al que nos aferrábamos ya no está a nuestro alcance, puede dejarnos sintiéndonos vulnerables, desorientados y emocionalmente agotados.

Sin embargo, dentro de ese duelo hay una invitación a crecer, a recalibrar y a redefinir cómo luce nuestro camino hacia adelante. Aunque los finales traen consigo un dolor innegable, también crean espacio para la reflexión y la transformación. Comprender la profundidad de nuestro duelo puede ayudarnos a honrar lo que fue, sin quedar atrapados en ello, y finalmente encontrar paz en lo que viene después.

Alivio y Liberación

Aunque el duelo suele ocupar el primer plano, no todos los finales son puramente dolorosos. En algunos casos, los finales traen consigo una sensación de alivio, especialmente cuando hemos estado cargando con el peso de algo que ya no nos servía, como una relación tóxica o un trabajo agotador. El fin de esos capítulos puede sentirse como una liberación, liberándonos del estrés, el conflicto o el malestar emocional.

Sin embargo, incluso con ese alivio, es común que haya emociones residuales que necesiten ser procesadas, porque incluso los finales positivos implican dejar atrás algo que nos resultaba familiar. Aun cuando algo ya no era beneficioso, desprenderse de lo conocido puede traer consigo una mezcla de sentimientos encontrados. Pero este tipo de finales también abre la puerta a nuevas oportunidades, a un renacer personal, y a la posibilidad de empezar de nuevo sin las cargas del pasado.

Confusión y Vacío

Los finales también pueden generar confusión o una sensación de vacío. Cuando algo que alguna vez le dio estructura o significado a nuestra vida llega a su fin, podemos sentirnos perdidos, sin saber qué hacer a continuación. Esta sensación de vacío puede ser especialmente intensa cuando el final fue inesperado o repentino. Sin la estabilidad que esa situación anterior nos proporcionaba, nos vemos obligados a navegar una nueva realidad, lo que puede resultar desconcertante.

Este es el momento en el que comenzamos a cuestionar nuestra identidad, nuestro propósito y la dirección que queremos que tome nuestra vida. Las preguntas que surgen en este período de transición pueden ser incómodas, pero son parte del proceso de redefinir quiénes somos en ausencia de lo que solíamos conocer. Aunque el vacío y la confusión son difíciles de manejar, también ofrecen una oportunidad para replantearnos nuestra vida y descubrir nuevas direcciones que quizás no habíamos considerado antes.

Conexión Personal y Significado

El impacto emocional está profundamente ligado al significado personal de lo que termina. Por ejemplo, el fin de una relación a largo plazo puede sentirse devastador si esa relación fue una parte central de tu identidad o te brindaba seguridad emocional. De manera similar, la pérdida de un ser querido puede ser desgarradora, ya que no solo marca el fin de experiencias compartidas, sino también la pérdida de la conexión, el apoyo y el amor que esa persona proporcionaba.

Cuanto más fuerte sea el vínculo personal o más profunda la inversión emocional en lo que está terminando, más intensa será la respuesta emocional. Lo que termina no es solo una situación o una relación, sino una parte de ti mismo que estaba entrelazada con ello. Esa profundidad emocional, arraigada en los recuerdos, los sueños y las expectativas, es lo que intensifica el dolor de los finales, pero también lo que abre la puerta al proceso de sanación, crecimiento y redescubrimiento.

Enfrentando la Finalidad y la Realidad del Cambio

Los finales nos obligan a enfrentarnos a la finalidad de una situación, y esa sensación de finitud puede ser difícil de aceptar. A veces, nos aferramos a la esperanza de que las cosas podrían haber resultado de manera diferente, o luchamos por reconciliarnos con la idea de que algo que fue una parte significativa de nuestras vidas ahora ha terminado. Esta confrontación con la naturaleza inmutable del pasado nos fuerza a aceptar la realidad y a navegar los cambios inevitables que acompañan los finales.

En muchos aspectos, los finales también funcionan como un espejo. Nos reflejan no solo lo que estamos perdiendo, sino también lo que más valoramos. A través del proceso de duelo o de aceptación de un final, a menudo descubrimos verdades más profundas sobre nosotros mismos, nuestros deseos y nuestra capacidad de resiliencia. Aunque las emociones que acompañan a los finales pueden ser abrumadoras, también son necesarias para el crecimiento. Es a través de estas experiencias emocionales que aprendemos a soltar, sanar, y eventualmente, a hacer espacio para los nuevos comienzos que la vida nos tiene preparados.

En última instancia, el impacto emocional de los finales es un testimonio de lo mucho que algo significaba para nosotros. Cuanto más profundamente nos importa algo, más intensamente lo sentimos. Los finales pueden traer dolor, pero también nos recuerdan nuestra capacidad de amar, de conectar, y de encontrar significado en las cosas que apreciamos. Y aunque pueda ser difícil en el momento, las emociones que acompañan a los finales suelen conducir a una comprensión más profunda de nosotros mismos y de la vida que queremos construir hacia adelante.

Lecciones Aprendidas

Los finales, por dolorosos que sean, son maestros. Nos revelan verdades para las que tal vez no estábamos preparados y nos empujan a crecer de maneras inesperadas. En mi vida, he llegado a comprender que los finales no son solo sobre lo que dejamos atrás, sino sobre en quién nos convertimos durante el proceso. Aquí están las lecciones que, creo, reflejan no solo las experiencias universales de la pérdida, sino también la transformación personal que surge de ellas.

1. *Aceptar la Impermanencia con Gracia:*
   La impermanencia de la vida no es solo un concepto que entendemos intelectualmente; es una realidad que se nos impone. Los finales nos enseñan que nada, por más preciado que sea, está garantizado para siempre. Esta comprensión no significa que debamos

temer la pérdida, sino que aprendamos a sostener las cosas con manos abiertas. La belleza de la impermanencia es que nos obliga a vivir plenamente, en el presente. Aprender a aceptar los finales con gracia nos permite dejar ir la ilusión del control y aceptar que el cambio es inevitable, aunque duela.

2. *Resiliencia a Través de la Reinvención:*
Los finales nos derrumban, pero en esa destrucción encontramos el material para construir algo nuevo. Cada final en mi vida ha exigido resiliencia, no solo para sobrevivir, sino para reinventarme. Ya sea la pérdida de una relación, una carrera o una vida que pensé que viviría, los finales son invitaciones para redescubrir quiénes somos bajo las capas de expectativas. La mayor fortaleza no proviene de aferrarse, sino de nuestra capacidad para transformarnos cuando la versión anterior ya no nos sirve.

3. *La Necesidad de Soltar*
Dejar ir no es debilidad; es el acto más valiente. Los finales nos obligan a enfrentar esta verdad. Aferrarse a lo familiar, incluso cuando ya no es saludable, nos pesa. La lección más difícil que he aprendido es que debemos soltar lo que ya no nos sirve para crear espacio para lo que puede ser. Soltar no es olvidar ni minimizar el pasado, sino hacer las paces con él. En el vacío que queda, descubrimos la libertad de abrazar lo desconocido.

4. *Claridad a Través del Cierre*

Los finales ofrecen una claridad que es difícil de encontrar en medio de algo. Solo cuando las cosas terminan podemos mirar hacia atrás y verlas por lo que realmente fueron. El cierre que viene de aceptar un final nos permite reevaluar lo que realmente importaba. Este tipo de claridad no se trata solo de reflexionar sobre lo que perdimos, sino de realinear nuestras vidas con base en lo que hemos aprendido. Es a través de los finales que obtenemos perspectiva sobre lo que queremos llevar con nosotros y lo que podemos dejar atrás.

5. *Crecimiento a Través del Dolor*

El dolor de los finales es real, pero también lo es el crecimiento que proviene de él. Los finales despojan nuestras zonas de confort y nos obligan a confrontar partes de nosotros mismos que no sabíamos que existían. En medio de ese malestar, evolucionamos. Nos volvemos más conscientes de nuestras profundidades emocionales, nuestra capacidad para sanar y nuestra habilidad para reconstruirnos. El dolor no es el enemigo; es un catalizador para el crecimiento. Cada final lleva consigo las semillas de una versión más fuerte y resistente de nosotros mismos.

6. *El Regalo de los Nuevos Comienzos*

Cada final despeja el camino para un nuevo comienzo, incluso si no lo sentimos así en el momento. La parte más difícil de un final suele ser la incertidumbre de lo que viene después. Pero ese espacio—el vacío que deja lo que ha terminado—es un terreno fértil para que algo nuevo crezca. Los finales nos enseñan a confiar en que siempre hay otro capítulo esperando, otra puerta por abrir, otra oportunidad para amar, crecer y sentir alegría. No se trata de apresurarse hacia el próximo comienzo, sino de creer que llegará, y que cuando lo haga, estaremos listos para abrazarlo.

Los finales no son solo momentos de cierre; son momentos de transformación. Nos enseñan a aceptar la naturaleza fugaz de la vida, a reconstruirnos desde las ruinas, y a soltar lo que ya no nos sirve. A través del dolor y la confusión, encontramos claridad, resiliencia y, en última instancia, esperanza. Las lecciones que dejan los finales no tratan solo de la pérdida; tratan del coraje para enfrentar las transiciones de la vida con el corazón abierto, y de la sabiduría para saber que cada final, por doloroso que sea, es el preludio de un nuevo comienzo.

El Papel del Cierre

El cierre a menudo se describe como un punto final, el capítulo final de una larga historia. Es algo que muchos de nosotros anhelamos: una comprensión de que las cosas han terminado como debían, o al menos como debían hacerlo. Sin embargo, el verdadero papel del cierre es más matizado que un simple final. No se trata simplemente de cerrar la puerta a una parte de nuestras vidas. Se trata de aprender a respirar de manera diferente después de que el aire en nuestros pulmones ha cambiado, de hacer las paces con el espacio que la pérdida talla dentro de nosotros.

Muchas personas piensan en el cierre como un destino, un lugar al que eventualmente llegarán donde el dolor desaparecerá, dejando una sensación de calma ordenada. Pero el cierre no se trata de borrar el pasado o de encontrar una manera de no sentir nunca más dolor. Se trata de absorber los momentos de dolor y belleza, comprendiendo que están entrelazados. Es un viaje de aceptación: la aceptación de lo que ha sucedido y de quiénes somos a causa de ello. El cierre no es un evento; es un proceso, a veces lento, a veces que viene en olas, retrocediendo y fluyendo, probando las costas de nuestra resiliencia.

En ese sentido, el cierre es profundamente personal. Es el trabajo interno que tiene lugar en el silencio de nuestros propios pensamientos, cuando llegamos a un acuerdo con lo que no se puede cambiar. Son las conversaciones nocturnas que tenemos con nosotros mismos, las realizaciones silenciosas que nos golpean en medio de momentos ordinarios, haciéndonos entender que la curación no es un camino perfecto ni lineal. Y ahí es donde realmente reside su profundidad: no en los finales claros, sino en la incertidumbre, en las partes que permanecen sin resolver, y en la comprensión de que está bien si el pasado nunca se vuelve completamente indoloro.

A veces, el cierre puede parecer perdón: hacia nosotros mismos, hacia los demás. Es reconocer que estábamos haciendo lo mejor que podíamos con las herramientas que teníamos en ese momento. Es permitirnos llorar por las cosas que perdimos, por los futuros que nunca se desarrollarán como imaginábamos. Hay una cierta bondad que debe venir con el cierre, una disposición a dejar ir los "qué pasaría si" y los "debí haber", y a ofrecer compasión a nosotros mismos por cada paso que dimos en el camino hasta aquí. El perdón es una llave, una liberación que nos libera del ciclo de culpa que nos mantiene anclados en lugares donde ya no deseamos habitar.

El papel del cierre no es borrar. Es ayudar a integrar. Tomar esos fragmentos de nuestro pasado: la alegría, la tristeza, el arrepentimiento, los momentos de risa que aún atesoramos, y permitir que se conviertan en parte de la persona en la que nos estamos convirtiendo. El cierre significa entender que siempre habrá cicatrices, pero que las cicatrices no son signos de debilidad. Son prueba de supervivencia, prueba de crecimiento, prueba de que hemos enfrentado nuestras tormentas y hemos salido del otro lado: alterados, pero aún de pie.

El cierre, en su esencia, trata de transformación. Es lo que nos permite avanzar sin negar de dónde hemos venido. Es la fuerza para decir, "Esto sucedió. Importó. Y sin embargo, debo continuar". Los ecos del pasado siempre permanecerán, y el cierre nos ayuda a reconocerlos sin permitir que ahoguen los sonidos del presente. El cierre se trata de crear espacio para que algo nuevo crezca, incluso si ese crecimiento es lento, incluso si es frágil al principio.

Es el proceso gentil de desenredarnos de viejas identidades, de viejos sueños, y darnos permiso para evolucionar. Porque el cierre no se trata solo del final: se trata del comienzo de algo diferente, algo que surge de los escombros de los finales. Entonces, el papel del cierre no es una despedida final. Es una invitación a abrazar lo que viene después, a mirar hacia adelante y a caminar, lenta pero seguramente, hacia lo que está por venir.

Cómo Lograr el Cierre

Lograr el cierre no es una tarea sencilla. No es algo que simplemente se pueda marcar en una lista de cosas por hacer. A menudo se requiere tiempo, paciencia y mucha introspección. Pero existen pasos que podemos tomar para avanzar hacia esa sensación de paz interna. El cierre no es un punto de llegada, sino un camino que se recorre con esfuerzo, un viaje en el que cada paso, por pequeño que sea, nos acerca a la aceptación.

El primer paso para lograr el cierre es permitirnos sentir. Sentirlo todo. La tristeza, la ira, el arrepentimiento, la nostalgia. Ninguna emoción debe ser reprimida o ignorada, porque cada una de ellas tiene un propósito. Aceptar nuestras emociones es esencial para avanzar; es el reconocimiento de que lo que nos ha sucedido importa, y que nuestras reacciones son válidas. Solo al sentir podemos realmente procesar y luego soltar lo que ya no nos sirve.

Otro aspecto importante es el perdón. No podemos lograr el cierre sin enfrentar el rencor que podemos tener hacia los demás o hacia nosotros mismos. El perdón no es necesariamente para los que nos lastimaron, sino para liberar el peso que llevamos dentro. Al perdonar, nos liberamos del resentimiento que puede mantenernos atrapados en el pasado. Este acto de perdón no siempre es fácil, pero es un paso crucial para alcanzar la paz interna.

También es esencial aceptar que no siempre obtendremos todas las respuestas. Hay situaciones que terminan sin una explicación clara, y aprender a convivir con esas incógnitas forma parte del proceso de cierre. No todas las preguntas tendrán una respuesta, y no todos los finales serán satisfactorios. Dejar de buscar lo imposible y aceptar la ambigüedad puede ser liberador y permitirnos avanzar hacia un lugar de mayor calma.

Crear nuevos significados también es una parte importante de lograr el cierre. En lugar de centrarnos solo en lo que hemos perdido, podemos elegir enfocarnos en lo que hemos ganado o aprendido a través de la experiencia. Es redefinir la historia de lo que nos ha pasado, encontrar el sentido dentro del dolor y usarlo para crecer. Cuando podemos encontrar significado, incluso en nuestras heridas, transformamos lo que pudo haber sido un final amargo en un capítulo significativo de nuestra vida.

Finalmente, el cierre requiere acción. No siempre es suficiente pensar o reflexionar; a veces necesitamos hacer algo concreto para simbolizar nuestro paso hacia adelante. Puede ser escribir una carta que nunca se enviará, tener una conversación que hemos estado evitando, o simplemente tomar una decisión que nos permita cerrar una etapa de nuestra vida. Estos actos simbólicos tienen el poder de ayudarnos a dejar ir y a marcar el comienzo de algo nuevo.

Lograr el cierre no se trata de olvidar o de negar lo que ocurrió. Se trata de aceptar, de perdonar, de encontrar sentido y de seguir adelante. Es un proceso único para cada persona, un viaje que toma tiempo y que no siempre es fácil. Pero cada paso que damos nos acerca más a la paz interna, a la capacidad de mirar hacia el futuro sin las cadenas del pasado, y a la libertad de crecer y evolucionar sin los pesos que una vez llevamos.

Resumen del Capítulo 1 : La Complejidad de las Emociones

El Capítulo 1 profundiza en las emociones complejas y a menudo turbulentas que surgen al inicio de un final. Ya sea sutil y gradual o abrupto e inesperado, el comienzo de un final trae una fragilidad única, una mezcla de esperanza, temor, resistencia y aceptación. En estos primeros momentos, comenzamos a percibir la pérdida inminente, lo que a menudo genera reacciones iniciales de negación y choque. Este capítulo explora cómo las personas instintivamente intentan ignorar o resistir la realidad de un final como una forma temporal de proteger sus corazones, aunque la negación finalmente impide el proceso de sanación necesario.

Los Signos de un Final Cercano

Los finales se manifiestan de varias maneras. A veces, las señales sutiles se acumulan silenciosamente, como un cambio en el tono de las conversaciones o silencios prolongados; otras veces, llegan como un golpe repentino y no anticipado, sacudiendo nuestra sensación de estabilidad. Ambos tipos de finales nos obligan a enfrentar la incertidumbre de la vida y la fragilidad de lo que alguna vez consideramos permanente.

Negación y Choque

Ante un final, la negación y el choque a menudo ocupan un lugar central como defensas instintivas contra el dolor de dejar ir. Aunque estas reacciones proporcionan un alivio temporal, aferrarse a ellas retrasa la aceptación e impide la sanación.

Fragilidad en el Umbral

La conciencia de un final nos sitúa en un espacio de vulnerabilidad, un estado de transición en el que enfrentamos la elección entre aferrarnos a lo conocido o abrazar lo desconocido. Reconocer esta fragilidad nos permite confrontar nuestros miedos y abordar el cambio a nuestro propio ritmo, comprendiendo que la vulnerabilidad no es debilidad, sino apertura a los ciclos naturales de la vida.

Permitirse Sentir

Para avanzar, debemos aceptar cada emoción que surge en esta fase, reconociendo que el proceso de cierre comienza con la aceptación de la inevitable transición. El capítulo enfatiza que, si bien la negación y el choque pueden protegernos al principio, la verdadera sanación comienza cuando nos permitimos sentir plenamente y comprender las emociones ligadas al final.

En esencia, el Capítulo 1 reflexiona sobre la turbulencia emocional inicial que acompaña un final, resaltando la importancia de aceptar la fragilidad, superar la negación y permitirse sentir para recorrer el camino hacia la sanación y la transformación. Cada final, aunque doloroso, sirve como una invitación a un nuevo comienzo, abriendo la puerta a experiencias y crecimiento aún no explorados.

Capítulo 2

El Dolor de Soltar

El Primer Paso Hacia la Sanación

Soltar nunca es fácil. Es un acto que, en su esencia, requiere una valentía que muchas veces no sentimos tener. Los apegos, ya sean a una versión pasada de nosotros mismos, a relaciones en las que hemos invertido tiempo y amor, o a trabajos que definieron gran parte de nuestra identidad, son difíciles de dejar ir porque están entrelazados con quienes creemos que somos. Nos aferramos a lo conocido, a lo seguro, incluso cuando ya no nos nutre ni nos permite crecer. Sin embargo, es precisamente en este acto de dejar ir donde comienza la verdadera sanación.

El dolor de soltar es, en gran medida, el dolor de reconocer que algo ya no encaja en nuestra vida. Es enfrentar la realidad de que una relación, un sueño o una versión de nosotros mismos ya ha cumplido su propósito. En lugar de ver el soltar como un fracaso, podemos aprender a verlo como una etapa natural del ciclo de la vida. Así como los árboles sueltan sus hojas en otoño, nosotros también necesitamos dejar ir para permitir que nuevos brotes emerjan en nuestro interior.

Cuando liberamos lo que ya no nos sirve, abrimos un espacio vacío que, en principio, puede parecer incómodo o aterrador. Es como una casa que se queda vacía por un tiempo, esperando que nuevos muebles lleguen para transformarla en un hogar nuevamente. Aunque el dolor puede acompañar el proceso, en este espacio de incertidumbre es donde empieza la verdadera transformación. Al soltar, permitimos que lo nuevo, lo mejor y lo más auténtico entre en nuestras vidas.

Este espacio vacío, lejos de ser un vacío absoluto, es el terreno fértil donde nacen nuevas posibilidades, nuevas oportunidades, y un crecimiento personal que no podríamos haber alcanzado si seguimos aferrándonos a lo que ya no nos sirve. En este proceso, es importante recordar que el soltar no significa olvidar o borrar lo que fue; significa integrar esas experiencias como parte de nuestra historia, mientras nos abrimos a lo que viene.

El Poder Transformador de Soltar

En mi experiencia personal, el acto de soltar fue un momento clave en mi proceso de sanación. Durante mucho tiempo, me aferré a lo que había perdido: relaciones que ya no funcionaban, expectativas que no se cumplieron, y una imagen de mí mismo que había construido en torno a un pasado que ya no existía. El dolor de dejar ir me parecía insuperable, como si estuviera perdiendo una parte fundamental de mi identidad. Pero, con el tiempo, entendí que esa resistencia a soltar estaba más ligada al miedo que a una verdadera necesidad de mantener esos lazos.

Uno de los momentos más transformadores fue cuando me vi obligado a dejar un trabajo que, durante muchos años, había definido quién era. Ese trabajo no solo me daba un sentido de propósito, sino también una estructura, una rutina, y un sentido de identidad. Pero con el tiempo, comencé a sentirme atrapado, como si estuviera viviendo la vida de otra persona. Sin embargo, la sola idea de dejarlo me aterraba. ¿Quién sería yo sin ese título? ¿Qué haría con mi tiempo?

A pesar del miedo, finalmente di el paso. Soltar ese trabajo fue doloroso, pero me liberó de un ciclo de agotamiento y falta de autenticidad. Me permitió redescubrirme, explorar nuevos intereses y conectar con personas que compartían mi visión. Y aunque al principio el vacío fue abrumador, pronto se llenó con nuevas experiencias que me llevaron hacia un camino más alineado con quien realmente soy.

Los Tres Pasos Fundamentales Para Soltar y Sanar

1. **Practicar el Desapego Emocional:** El primer paso para comenzar a soltar es practicar el desapego emocional. Desapegarse no significa ser indiferente o dejar de importar, sino tener la capacidad de no permitir que el pasado arrastre nuestro presente de una manera que nos limite o detenga. A menudo, confundimos el apego con el amor, pero el apego está más ligado al miedo: miedo a estar solos, a sentirnos incompletos, a enfrentar la incertidumbre. Aprender a no aferrarme a recuerdos dolorosos fue un proceso gradual para mí. Aunque

no podía cambiar lo que había vivido, sí podía cambiar la forma en que me afectaba. El simple acto de permitirme sentir sin aferrarme a esas emociones me liberó.

Para practicar el desapego, es útil recordar que todas las experiencias son temporales. Así como las estaciones cambian, las personas y las situaciones en nuestra vida también lo hacen. Podemos disfrutar de lo que tenemos mientras está presente, sin aferrarnos a la idea de que debe durar para siempre. Este cambio de perspectiva nos permite vivir de forma más plena, sin miedo a perder lo que tenemos.

2. **El Perdón como Liberación**
El perdón, tanto hacia los demás como hacia uno mismo, es esencial para liberar el peso emocional que nos impide avanzar. No se trata de justificar las acciones que nos causaron dolor, sino de liberarnos de la carga que esas heridas llevan consigo. Al perdonar, descubrí que no lo hacía por ellos, sino por mí. Fue un acto de liberación que me permitió soltar la ira, el resentimiento y la culpa, creando espacio para la paz interior.

La falta de perdón es como cargar una mochila llena de piedras. Cada piedra representa un rencor, una decepción, una traición. Con cada paso que damos, el peso de esa mochila nos agota, nos limita, nos impide avanzar con ligereza. Al soltar esas piedras, nos liberamos para caminar con más libertad y alegría. El perdón no cambia el pasado, pero sí transforma nuestro presente.

3. Aceptar lo Inmutable

Aceptar no es resignarse, sino reconocer la realidad tal como es. Cuando aceptamos lo que no podemos cambiar, nos liberamos del peso de la resistencia. Aceptar que las cosas no siempre salen como esperamos, que las personas cambian, y que las etapas de la vida se cierran, me permitió abrazar lo nuevo con una mente abierta y menos cargada de expectativas.

La aceptación es como abrir una ventana en una habitación que ha estado cerrada por mucho tiempo. Al permitir que entre aire fresco, nos renovamos, nos liberamos del estancamiento. Cuando aceptamos la realidad, nos liberamos de la lucha constante, y empezamos a vivir con más serenidad y gratitud por lo que sí tenemos.

Creando Espacio para el Crecimiento y la Transformación

Dejar ir no significa olvidar, sino liberar el peso emocional de un capítulo cerrado. Este acto de soltar no es una pérdida, sino una inversión en nuestro futuro. Al despejar el terreno, creamos un espacio fértil para el crecimiento, la paz y nuevas oportunidades. Este proceso, aunque doloroso al principio, es esencial para evolucionar y abrazar la vida con una perspectiva renovada.

En mi camino, descubrí que cada vez que soltaba una relación, un sueño no cumplido, o una versión anticuada de mí mismo, creaba un espacio para algo más auténtico y enriquecedor. Recuerdo cómo, al soltar una relación que ya no me nutría, no solo creé espacio en mi vida, sino también en mi corazón. Con el tiempo, ese vacío fue llenado con nuevas conexiones, algunas profundamente enriquecedoras, que no solo me ofrecieron el apoyo que necesitaba, sino que me ayudaron a redescubrir partes de mí que había perdido en el proceso.

Cuando soltamos el pasado y dejamos de aferrarnos a lo que ya no nos sirve, damos espacio a la evolución personal. Esta liberación es un acto de confianza, de creer que al despejar el camino, algo mejor está por llegar. Es como si, al quitar el peso de lo viejo, nos convirtiéramos en un recipiente vacío dispuesto a recibir lo nuevo

El Poder de Soltar y la Valentía de Empezar de Nuevo

Soltar lo que ya no nos sirve no es un acto simple ni rápido; es un proceso complejo y a menudo doloroso. A lo largo del camino, podemos enfrentarnos a un torbellino de emociones: tristeza, miedo, y esa incómoda sensación de vacío que llega cuando liberamos algo o alguien que fue parte fundamental de nuestra vida. Este viaje no es lineal ni siempre gratificante al principio; el dolor puede persistir, y habrá días en los que sentirás que el peso del pasado sigue anclado en tu corazón. Pero es precisamente en esos momentos de dificultad donde se forja nuestra verdadera fortaleza.

El dolor de soltar no se desvanece de la noche a la mañana. Las cicatrices emocionales pueden permanecer, recordándonos lo que hemos perdido. Es normal sentir una mezcla de alivio y nostalgia, de esperanza y desesperanza. Pero en lugar de ver estas emociones como un retroceso, podemos verlas como señales de que estamos avanzando en el proceso de sanación. Cada lágrima, cada momento de duda, es parte del camino hacia una versión más auténtica de ti mismo.

¿Cómo nos sobreponemos a este dolor? El primer paso es aceptar que sanar lleva tiempo. No hay atajos ni fórmulas mágicas. Es importante permitirnos sentir, llorar, y vivir el duelo de lo que dejamos atrás. Al darnos permiso para sentir el dolor, comenzamos a liberar su poder sobre nosotros. La sanación no significa olvidar o negar lo que fue, sino encontrar un lugar dentro de nosotros donde ese pasado ya no nos controle.

La clave está en el **desapego emocional**, no como una forma de indiferencia, sino como un acto de amor propio. Aprender a desapegarnos nos permite liberar el peso emocional que nos ata, abriendo espacio para nuevas experiencias que nos nutran y nos eleven. Pero el desapego no es un estado que se alcanza de inmediato; es una práctica diaria de reconocer que nuestro valor no está definido por lo que hemos perdido, sino por lo que estamos dispuestos a construir.

Luego está el **perdón** —no solo hacia los demás, sino también hacia nosotros mismos. Puede ser tentador aferrarse al resentimiento, a las culpas y a las decisiones que nos hirieron. Sin embargo, el perdón es un acto de liberación interna. Al perdonar, no estamos aprobando lo que sucedió, sino rompiendo las cadenas que nos atan al sufrimiento. Es un regalo que nos damos para poder avanzar con ligereza y paz.

Aceptar que algunas cosas no volverán a ser como antes es otro pilar fundamental en el camino de soltar. La aceptación no es rendirse; es reconocer que hay cosas que escapan de nuestro control. Es hacer las paces con la realidad tal como es, y al hacerlo, nos liberamos de la constante lucha interna de querer cambiar lo que ya no puede ser cambiado.

El proceso de soltar es, en esencia, un viaje hacia el autoconocimiento. Al dejar ir lo que ya no nos sirve, creamos un espacio sagrado para redescubrir quiénes somos, qué queremos, y hacia dónde deseamos ir. No es un camino fácil, y en más de una ocasión te sentirás tentado a volver atrás, a lo conocido, a lo cómodo. Pero recuerda: cada paso que das hacia adelante, por pequeño que sea, es un acto de valentía.

Sí, la herida puede doler, pero también es una puerta hacia la transformación. La vida siempre nos invita a soltar para poder recibir algo nuevo. No siempre sabemos qué es lo que vendrá, y eso puede asustarnos. Pero al confiar en el proceso, nos damos la oportunidad de abrazar lo que verdaderamente merece un lugar en nuestras vidas. Y en ese espacio recién creado, aunque al principio parezca vacío, encontrarás las semillas de un nuevo comienzo.

Así que, si hoy te encuentras en ese punto de tu vida donde soltar parece imposible, recuerda que no estás solo en este camino. Permítete sentir, perdonar, aceptar, y luego, poco a poco, dar los primeros pasos hacia adelante. Porque soltar no es un final, sino el principio de algo más grande y más alineado con tu verdadero ser.

Al final, soltar no es rendirse; es confiar en que el universo tiene un plan mejor para ti. Al liberar lo que ya no te sirve, abres las puertas a un futuro más brillante, lleno de oportunidades, relaciones auténticas, y un crecimiento que solo es posible cuando tienes el coraje de dejar ir. La clave es ser honesto contigo mismo y reconocer áreas que necesitan ser liberadas para dar paso a lo nuevo.

Recuerda que el acto de soltar no es un acto de olvido ni de renuncia; es un acto de amor propio. Estás liberando aquello que ya no te permite crecer, para hacer espacio para lo nuevo, para lo que te ayudará a sanar y a evolucionar. Al hacerlo, no solo estás haciendo un favor a tu presente, sino también a tu futuro. Estás permitiendo que la vida fluya de una manera más auténtica y que nuevas oportunidades, relaciones y aprendizajes lleguen a ti.

Este proceso de soltar es un acto de compasión hacia ti mismo. Es el reconocimiento de que mereces vivir con menos carga emocional, con menos peso de lo que ya no te aporta, para que puedas abrazar lo que realmente está alineado con tu bienestar y crecimiento. Es una forma de abrirte a nuevas posibilidades, sin las ataduras del pasado que te impiden ser la mejor versión de ti mismo.

Soltar no es un evento único, sino un proceso continuo que te permitirá seguir creciendo, transformándote y creando espacio para todo lo maravilloso que está por venir.

Capítulo 3

Redefiniendo la Resiliencia

Construir la Fortaleza Interior a Través de la Adversidad

La resiliencia no es simplemente una capacidad para soportar el dolor, sino una habilidad profunda para **enfrentar las adversidades y transformarlas en oportunidades de crecimiento.** No se trata de evitar el sufrimiento ni de pretender que no existe, sino de **aprender a atravesarlo, comprender sus lecciones y emerger más fuerte.** A menudo, es en los momentos de mayor dificultad cuando descubrimos una **fortaleza interna que nunca supimos que teníamos.** La resiliencia es, en su forma más pura, **la capacidad de persistir ante las tormentas de la vida, de encontrar esperanza cuando parece no haberla**, y de recordar que el dolor, aunque desgarrador, no es eterno.

Sin embargo, la resiliencia no es un viaje solitario. Aunque el dolor es una experiencia profundamente personal, las **relaciones significativas** con familiares, amigos y comunidades juegan un papel crucial en nuestra capacidad para superar las pruebas más duras. El **apoyo emocional**, la **empatía** y el **sentido de pertenencia** que nos brindan nuestros seres queridos son los pilares que sostienen nuestra fortaleza interior. La resiliencia se nutre de la conexión humana, de la **fuerza que encontramos en los demás cuando más lo necesitamos.** En este sentido, la resiliencia no es solo un reflejo de nuestra capacidad individual para resistir, sino también de nuestra **habilidad para unirnos, compartir nuestras cargas y encontrar fuerza en la vulnerabilidad compartida.**

El Camino Doloroso de la Resiliencia: Transformando el Sufrimiento en Fortaleza

El dolor es una experiencia inevitable que todos enfrentamos en algún momento de nuestras vidas. A menudo, se siente como una carga abrumadora que nos arrodilla, dejándonos sin aliento y sin fuerzas para continuar. Sin embargo, en su esencia, el dolor es también un vehículo para el cambio y el crecimiento personal. **La resiliencia no consiste en escapar del dolor o negarlo, sino en aprender a vivir con él, a integrarlo como una parte de nuestra historia.** No podemos borrar el sufrimiento ni hacer que desaparezca por completo, pero podemos aprender a navegar a través de él con una mezcla de paciencia, coraje y autocompasión.

Una de las mayores falacias sobre la resiliencia es la creencia de que, una vez que hemos superado un dolor, este desaparece para siempre.

La realidad es mucho más compleja. El dolor puede regresar en momentos inesperados, como una vieja herida que se reactiva con el cambio del clima emocional. **La verdadera resiliencia no se mide por la ausencia de dolor, sino por nuestra capacidad para enfrentarlo cada vez que regresa,** por más que creamos que ya lo habíamos superado. Cada episodio de sufrimiento es una oportunidad para reafirmar nuestra fortaleza, para recordar que hemos sobrevivido antes y podemos hacerlo nuevamente.

El proceso de sanación es largo y sinuoso, lleno de retrocesos y avances que a menudo nos hacen dudar de nuestra capacidad para sanar. Hay días en los que la tristeza se cierne sobre nosotros como una niebla densa, dificultando nuestra visión del futuro. En esos momentos, parece que nunca volveremos a ver la luz. Pero incluso en los períodos más oscuros, si persistimos, descubrimos que algo profundo dentro de nosotros se fortalece. Nuestras cicatrices emocionales no son símbolos de debilidad; son testamentos de nuestra capacidad para recuperarnos, para transformar el dolor en una fuerza renovadora.

El dolor, lejos de ser simplemente un enemigo, puede convertirse en un maestro si estamos dispuestos a escucharlo. Nos invita a cuestionar nuestras prioridades, a reevaluar nuestras creencias y a redescubrir partes de nosotros mismos que habíamos perdido en medio del caos. Cuando abrazamos el dolor en lugar de huir de él, descubrimos una capacidad innata para resistir, para crecer y para conectarnos de manera más profunda con quienes nos rodean.

No es un viaje que debamos emprender en soledad. Las relaciones significativas con familiares, amigos y comunidades son esenciales para nuestra resiliencia. El apoyo emocional, la empatía y el sentido de pertenencia que nos brindan nuestros seres queridos son los cimientos que sostienen nuestra fortaleza interior. Aprendemos que **la resiliencia no es solo una capacidad individual, sino una habilidad colectiva que florece en la conexión y la compasión mutua.**

Sin embargo, el camino hacia la sanación no es lineal. Habrá días en los que te sentirás retroceder, en los que el dolor parecerá insuperable. Pero **a medida que avanzas, aprendes a tener paciencia contigo mismo**, a aceptar los altibajos como parte del proceso y a confiar en tu capacidad para sanar. Practicar la atención plena, buscar consuelo en quienes te aman y sumergirte en actividades que te llenan de alegría pueden ayudarte a encontrar un punto de apoyo cuando la vida se siente fuera de control.

En última instancia, **el dolor no es un castigo, sino un catalizador para una versión más auténtica y plena de nosotros mismos.** Nos empuja a una mayor conciencia de quienes somos, a una comprensión más profunda de nuestra fortaleza y a un nivel de empatía que nos conecta con los demás en su humanidad más pura. **La resiliencia no es simplemente resistir el impacto de la vida, sino transformarlo en una fuente de poder interno.** Al aceptar el dolor como una parte integral de nuestra existencia, desbloqueamos nuestro verdadero potencial y encontramos la libertad para vivir de manera más plena y consciente.

Redefinir la resiliencia significa entender que cada caída, cada herida, es una invitación a crecer y a encontrar un propósito más profundo en el camino hacia la sanación. Porque al final, lo que realmente importa no es cuántas veces hemos caído, sino cuántas veces hemos encontrado la fuerza para levantarnos y seguir adelante, con un corazón más fuerte y un espíritu más resiliente.

Enfoque Narrativo: Redescubriendo la Resiliencia a Través de Mi Relación con Génesis

Cuando reflexiono sobre los momentos más desafiantes de mi vida, hay un capítulo que se destaca con una claridad casi surrealista: *el final de mi relación con Génesis*. Recuerdo una época en la que todo parecía desmoronarse. Mi conexión con Génesis era algo que creía inquebrantable, una fuente de alegría, consuelo y sentido. Pero a medida que los días se transformaban en noches llenas de tensión, malentendidos y palabras no dichas, sentía que el suelo bajo mis pies se desvanecía lentamente. Lo que una vez fue una relación llena de amor y promesas se convirtió en una fuente de profundo dolor y confusión.

Hubo una noche particularmente difícil que nunca olvidaré. Me encontré sentado a solas en mi apartamento compartido, rodeado por los restos de lo que alguna vez fue: fotos, cartas y recuerdos que parecían pertenecer a otra era. **Fue en ese momento de cruda vulnerabilidad, con lágrimas rodando por mis mejillas, cuando me di cuenta de algo que nunca había considerado antes: mi resiliencia.** A pesar del desamor, a pesar de la abrumadora sensación de pérdida, aún estaba aquí, aún respiraba. Me di cuenta de que la resiliencia no se trataba de negar mi dolor o de fingir que todo estaba bien. Se trataba de enfrentar la tormenta de frente, reconociendo el sufrimiento y, aun así, encontrando la fuerza para seguir adelante.

Lo más difícil fue soltar el futuro que había imaginado con Génesis. Era un futuro lleno de sueños compartidos, apoyo mutuo y un amor que creía que duraría toda la vida. Pero a medida que comencé a aflojar mi agarre sobre esa visión, descubrí que cada desamor, cada momento de soledad, me estaba enseñando algo profundo. **Aprendí que el final de nuestra relación no era el final de mi historia, sino más bien un comienzo: una oportunidad para redescubrir partes de mí mismo que había perdido en el proceso de intentar mantenernos juntos.**

Lo que más me sorprendió fue que, por doloroso que fuera, el proceso de dejar ir también trajo momentos de claridad. **Empecé a ver que cada lágrima derramada, cada noche en vela, no era un signo de debilidad, sino un testimonio de mi fortaleza.** La resiliencia que descubrí en esos momentos oscuros no se trataba de borrar el amor que sentí por Génesis, ni de olvidar los hermosos recuerdos que creamos juntos. Se trataba de abrazar el dolor, permitiéndole transformarme, y usarlo como un catalizador para mi propio crecimiento.

A medida que lentamente solté la necesidad de un cierre o una reconciliación, comencé a entender que cada desafío en nuestra relación no era solo una fuente de sufrimiento, sino también un espejo que reflejaba mis propios miedos, inseguridades y deseos. **Génesis, en** muchos sentidos, fue un maestro que reveló partes de mí mismo que había ignorado durante mucho tiempo. El final de nuestra relación me empujó a confrontar los aspectos de mi identidad que estaban ocultos en las sombras de nuestro amor. Fue un cambio gradual, casi imperceptible al principio, pero con el tiempo, me di cuenta de que este desamor era un viaje de autodescubrimiento.

Hoy, cuando miro hacia atrás en mi tiempo con Génesis, ya no lo veo solo a través del lente de la pérdida. En cambio, lo veo como la base sobre la cual he construido una comprensión más profunda de quién soy. **Llegué a comprender que la verdadera resiliencia no se trata de nunca sentir dolor, sino de encontrar el coraje para sanar, crecer y volver a amar, incluso si eso significa abrirte a la posibilidad de ser herido una vez más.** El final de nuestra relación no me rompió; me abrió, permitiendo que la luz entrara por las grietas y revelara una versión más fuerte y auténtica de mí mismo.

Enfoque de Crecimiento

La sanación y el crecimiento personal requieren una resiliencia activa, una decisión consciente de seguir adelante incluso cuando todo parece perdido. La resiliencia no es una cualidad innata con la que algunos nacen y otros no; es una habilidad que se puede desarrollar, nutrir y fortalecer con el tiempo. Ser resiliente es aceptar que el dolor es parte del viaje, no el destino final. **Es la capacidad de encontrar un propósito en medio del caos y transformar el sufrimiento en un terreno fértil para el crecimiento personal.**

Estrategias para Cultivar la Resiliencia:

1. **Reformulación Mental:** Cuando enfrentas un desafío, la narrativa que te cuentas a ti mismo puede determinar si te hundes o floreces. En lugar de preguntar "¿Por qué me está pasando esto?", cambia la pregunta a "¿Qué lección puedo extraer de esta experiencia?". Esta transformación de perspectiva te permite ver los obstáculos no como barreras permanentes, sino como trampolines hacia una mayor sabiduría y fortaleza. Reformular el dolor no lo elimina, pero te empodera para encontrar significado en medio de la adversidad.

2. **Prácticas de Autocuidado:** La resiliencia no es un acto de resistencia constante; es también saber cuándo necesitas pausar y recargar tu espíritu. No se trata solo de soportar el peso de las dificultades, sino de darte permiso para descansar y nutrirte. Cultiva el autocuidado a través de prácticas que renueven tu energía: la meditación para calmar la mente, el ejercicio para revitalizar el cuerpo, o simplemente momentos de quietud para reconectar con tu esencia. Aprender a cuidar de ti mismo es un acto de amor propio y una herramienta para fortalecer tu capacidad de recuperación.

3. **Gratitud en Medio de la Adversidad:** Practicar la gratitud puede parecer imposible cuando todo parece derrumbarse, pero es precisamente en esos momentos cuando más importa. Encontrar algo por lo que estar agradecido, aunque sea una pequeña chispa en medio de la oscuridad, puede cambiar tu perspectiva. La gratitud no niega el dolor que sientes; en cambio, abre un espacio para reconocer que, a pesar de todo, hay aspectos de tu vida que aún tienen valor y significado. Es una forma de recordar que, aunque la tormenta sea feroz, hay pequeñas anclas que te mantienen a flote.

4. **Autocompasión:** Somos, con frecuencia, nuestros jueces más severos. Nos castigamos por no ser lo suficientemente fuertes, por no tener todas las respuestas, por no ser perfectos. Pero la verdadera resiliencia no se trata de ser infalible; se trata de ser humano. La autocompasión es el acto de ser amable contigo mismo, especialmente cuando sientes que has fallado. Permítete sentir, equivocarte, y aprender sin cargar con la culpa. Acepta que, al igual que todos, mereces compasión y paciencia. Ser gentil contigo mismo en los momentos más oscuros es un acto de valentía y un paso crucial hacia la sanación.

Redefinir la resiliencia significa dejar de vernos como víctimas de nuestras circunstancias y empezar a vernos como los arquitectos de nuestra propia vida. Cada desafío que enfrentas, por más devastador que sea, es una oportunidad para construir una versión más auténtica y alineada de ti mismo. Cada vez que eliges levantarte, incluso cuando todo a tu alrededor parece empujarte hacia abajo, estás escribiendo una nueva página en la historia de tu vida.

La resiliencia no se trata de nunca caer, sino de tener el coraje y la voluntad de levantarse una y otra vez. **Cada vez que te encuentras en el suelo, con el corazón roto y el alma desgarrada, recuerda que es precisamente ahí donde comienza el verdadero viaje hacia la transformación.** Las heridas pueden doler, pero también pueden iluminar un camino hacia una comprensión más profunda de ti mismo y del mundo que te rodea.

Quiero invitarte a reflexionar sobre los momentos en los que pensaste que no había salida, esos instantes en los que sentiste que habías llegado al final de tu capacidad para resistir. ¿Qué descubriste en ti mismo en esos momentos? ¿Qué fortalezas inesperadas emergieron de las profundidades de tu dolor?

Quizás, sin darte cuenta, esos momentos de desesperación fueron en realidad los puntos de inflexión que te llevaron hacia una vida más auténtica y significativa. Porque al final, el verdadero viaje no es hacia la perfección, sino hacia una aceptación radical de ti mismo, abrazando tanto tus sombras como tu luz. Y en ese acto de valentía, encuentras no solo la resiliencia, sino también la capacidad de florecer en medio de la tormenta.

Recuerda, la resiliencia no se trata de nunca sentirse derrotado, sino de aprender a confiar en tu capacidad de reconstruirte una y otra vez. Mientras lees estas palabras, date el crédito por todo lo que has superado hasta ahora y confía en tu habilidad para enfrentar cualquier cosa que el futuro te depare.

Cada batalla que has librado, cada lágrima que has derramado, ha dejado una huella profunda en quien eres hoy. No minimices tus esfuerzos, ni ignores la fuerza silenciosa que te ha permitido avanzar cuando todo parecía perdido. Es posible que no siempre te sientas fuerte, pero recuerda que la fortaleza no es la ausencia de debilidad, sino la voluntad de seguir adelante incluso cuando estás agotado.

La resiliencia es un acto de fe en uno mismo, una promesa silenciosa de no rendirse. Se trata de recordar que, aunque el camino sea largo y empinado, tienes el coraje y los recursos internos para llegar a la cima. **Los desafíos no son el final de tu historia, sino capítulos que te empujan a crecer, a reinventarte, a ser más auténtico en tu caminar.**

A medida que continúas en tu viaje, recuerda que las cicatrices que llevas no son señales de derrota, sino trofeos de tu valentía. **Cada marca es testimonio de tu capacidad para sanar y empezar de nuevo.** El dolor que has sentido, las pérdidas que has soportado, te han moldeado, no para hacerte inmune al sufrimiento, sino para enseñarte que siempre puedes encontrar la luz incluso en los momentos más oscuros.

Te invito a reflexionar sobre cómo puedes utilizar tu resiliencia no solo para sobrevivir, sino para prosperar. ¿Cómo puedes transformar tus heridas en sabiduría? ¿Cómo puedes convertir tus momentos de duda en fuentes de fuerza?

El viaje hacia la resiliencia es, en última instancia, un viaje hacia ti mismo, un descubrimiento de tus capacidades ilimitadas y tu inquebrantable espíritu. Así que sigue adelante, con la certeza de que no importa cuántas veces la vida te desafíe, siempre tendrás la capacidad de levantarte, aprender y avanzar con más determinación y propósito.

Confía en ti. Porque ya has demostrado que puedes resistir, y ahora es tu momento de florecer.

Capítulo 4:

De la Victimización a la Acción

La vida es un viaje complejo, lleno tanto de momentos de triunfo como de inevitables pruebas. Todos enfrentamos contratiempos, desafíos y momentos de incertidumbre; es una parte inevitable de la experiencia humana. **Sin embargo, no son los desafíos en sí lo que nos define, sino nuestra respuesta a ellos.** La forma en que elegimos reaccionar, aprender y crecer a partir de estas experiencias, en última instancia, moldea nuestro destino.

En medio de la adversidad, es fácil caer en la trampa de la **mentalidad de víctima**. Podemos encontrarnos culpando a las circunstancias externas, a otras personas o al mundo mismo por nuestras desgracias. **Esta mentalidad puede hacernos sentir impotentes,** como si el mundo actuara sobre nosotros en lugar de que nosotros actuemos sobre el mundo. Pero la verdad es que, aunque no siempre podemos controlar los eventos que ocurren en nuestras vidas, **siempre tenemos el control sobre cómo respondemos a ellos.**

La clave para recuperar nuestro poder radica en cambiar nuestra perspectiva. **En lugar de vernos como víctimas de nuestras circunstancias, podemos elegir vernos a nosotros mismos como participantes activos en nuestro propio viaje,** empoderados para superar los desafíos, aprender de los contratiempos y transformar la adversidad en una oportunidad de crecimiento. **En este cambio, redescubrimos una fuerza que siempre ha estado dentro de nosotros, esperando ser despertada.**

Al tomar posesión de nuestras vidas, nos liberamos de las cadenas de la impotencia y comenzamos a reconocer que el poder de crear el cambio está en nuestras manos. **Las decisiones que tomamos, las acciones que emprendemos y la forma en que interpretamos y respondemos a las dificultades de la vida contribuyen al camino que finalmente creamos para nosotros mismos.** En este proceso, recuperamos **no solo nuestro poder, sino nuestra capacidad de transformarnos y prosperar**, sin importar lo que la vida nos depare.

Al cambiar la narrativa, puedes convertirte en el arquitecto de tu vida, en lugar de sentirte como un simple espectador de tus circunstancias. Al tomar control de la historia que te cuentas a ti mismo, puedes darle un nuevo propósito a tus desafíos, reconfigurando tu perspectiva para ver cada obstáculo como una oportunidad de crecimiento y cada dificultad como un peldaño hacia una versión más fuerte de ti mismo. Esta transformación te permite dejar de ser prisionero de los eventos que ocurren a tu alrededor y comenzar a ser el protagonista activo de tu propia historia, moldeando tu destino con cada pensamiento, decisión y acción que tomas.

Enfoque Narrativo

El Punto de Inflexión: Un Viaje Hacia el Empoderamiento

Durante muchos de estos años, me encontré atrapado en el papel de víctima. Era fácil culpar a las circunstancias, preguntarme por qué la vida parecía estar en mi contra. Me cuestionaba, *"¿Por qué me pasa esto a mí?"* y *"¿Qué hice para merecer tanto sufrimiento?"* Estas preguntas solo profundizaban mi desesperación y sensación de impotencia. Me sentía abrumado, incapaz de ver una salida, atrapado en el peso de mis emociones y la incertidumbre del futuro.

Pero todo cambió un día cuando un mentor me dijo: *"No siempre puedes controlar lo que te sucede, pero siempre puedes controlar cómo respondes."* Esa simple pero profunda verdad me abrió los ojos. Fue como si se encendiera una luz en mi interior. De repente, me di cuenta de que ya no era solo un espectador pasivo de mi vida, sino que tenía el poder de elegir mi respuesta, de tomar las riendas de mi viaje y de tomar decisiones que definirían mi futuro.

En ese momento, entendí que **ya no estaba luchando por salvar una relación que ya no tenía remedio.** Mi batalla había cambiado. Ya no luchaba por algo que ya se había derrumbado. En cambio, mi lucha ahora era por asegurar mis derechos como padre, por fortalecer mi lugar en la vida de mi hija. Me prometí a mí mismo que *nuestra relación nunca más sería una prioridad secundaria.* **El bienestar de Keani, su seguridad emocional y nuestra conexión se convirtieron en mi principal foco.**

Este fue un cambio fundamental en mi mentalidad. **Entendí que, sin importar lo que estuviera viviendo, tenía el poder de definir mi rol en su vida.** Ya no se trataba de reaccionar al dolor de una relación rota o a la incertidumbre del futuro. Se trataba de decidir activamente quién iba a ser, y lo más importante, de quién iba a ser para mi bebe.

Con este nuevo enfoque, comencé a ver los desafíos que enfrentaba como oportunidades. **Cada contratiempo se convirtió en un peldaño hacia mi transformación como padre, como hombre más fuerte, y como una persona más resiliente.** Me tomé la responsabilidad de reconstruir no solo mi vida, sino el futuro que quería crear junto a mi hija. Busqué formas de asegurarme de que nuestra relación fuera una prioridad, de que ella siempre supiera que era amada, valorada y apoyada.

En este proceso, aprendí que **el verdadero empoderamiento no consiste en controlar todo lo que ocurre a nuestro alrededor, sino en tomar control de nuestras propias acciones, nuestras respuestas y nuestro futuro.** Se trata de elegir elevarnos por encima de las circunstancias y no dejar que nos definan. **Ya no esperaba que la vida me diera un respiro; estaba creando la vida que quería vivir.**

Comencé a tomar decisiones intencionales: invertí tiempo y energía en estar presente para mi hija, en nutrir nuestro vínculo, y en establecer límites claros que me permitieran proteger nuestra relación. **Mi viaje ya no se trataba de salvar algo del pasado, sino de construir algo nuevo y más fuerte para el futuro.** Y aunque el camino seguía siendo difícil, la claridad y el propósito que gané con este cambio de mentalidad me dieron la fuerza para seguir adelante.

A través de este viaje, descubrí el verdadero poder de cambiar mi perspectiva. **No importa cuán doloroso haya sido el pasado, ahora tenía la oportunidad de crear algo hermoso y duradero con mi hija.** El dolor que sentí no desapareció de inmediato, pero ya no tenía control sobre mí. Recuperé mi poder como padre, y al hacerlo, recuperé mi poder como persona.

Hoy, al mirar atrás, me doy cuenta de que **la mayor victoria no estuvo en los resultados o en lo que logré, sino en la decisión de dejar de ser una víctima y comenzar a ser el arquitecto de mi propia vida.** La fuerza que encontré dentro de mí se convirtió en la base para un futuro donde Keani y yo no solo sobrevivimos juntos, sino que prosperamos. Y eso, he aprendido, es la forma más verdadera de empoderamiento.

Enfoque de Crecimiento

Pasar de la victimización a la acción requiere un cambio consciente y valiente de mentalidad. No es un proceso fácil ni rápido, pero con cada paso hacia adelante, recuperamos el control y el poder sobre nuestras vidas. Aquí hay algunas estrategias prácticas que pueden ayudarte a salir del papel de víctima y reclamar tu poder personal:

1. **Reformular Pensamientos Negativos**
   La próxima vez que te sorprendas pensando "esto no es justo" o "no hay nada que pueda hacer", haz una

pausa. Pregúntate: "¿Qué puedo aprender de esta situación?" o "¿Qué está tratando de enseñarme esta experiencia?" Esta práctica te ayudará a salir del ciclo de negatividad y adoptar una perspectiva más empoderada. Cambiar el "¿por qué a mí?" por "¿qué puedo hacer con esto?" te conecta con la acción y el crecimiento, en lugar de la pasividad.

2. **Practicar la Autocompasión**
Reconoce que es humano sentirse víctima a veces, pero no te quedes atrapado en ese estado. La autocompasión es clave para la sanación. Permítete sentir el dolor, pero también recuerda que tienes la capacidad de sanar y crecer a partir de él. No se trata de ignorar el sufrimiento, sino de ser amable contigo mismo y recordarte que el dolor no te define, pero la forma en que decides enfrentarlo sí lo hará.

3. **Tomar Decisiones Conscientes**
Cada pequeño acto de tomar decisiones conscientes puede devolver tu poder. Ya sea establecer límites en tus relaciones, priorizar tu bienestar o cambiar la forma en que responses al estrés, cada decisión es un paso hacia tu autoempoderamiento. Recordar que **cada elección te acerca a tu mejor versión** te permite vivir de manera más intencional y alineada con tus valores, no con las circunstancias.

4. **Convertir el "Por Qué" en "Para Qué"**
En lugar de preguntarte "¿por qué me está pasando esto?", cambia la narrativa a "¿para qué me está sucediendo?". Esta pregunta cambia tu enfoque hacia el crecimiento y la evolución personal, viendo cada desafío como una oportunidad para fortalecerte. Esta simple reorientación te permite ver los obstáculos no como barreras, sino como peldaños hacia un ser más resiliente, más sabio y más fuerte.

5. **Actuar a Pesar del Miedo**
A menudo, el miedo nos mantiene atrapados en el

papel de víctima. Pero cada vez que tomas una acción, por pequeña que sea, te mueves hacia adelante. No necesitas tener todo resuelto; solo necesitas el coraje de dar el próximo paso. La acción, incluso en la incertidumbre, es lo que finalmente te lleva hacia la transformación. Recuerda: **la valentía no es la ausencia de miedo, sino la decisión de avanzar a pesar de él.**

Insight Clave

No somos definidos por lo que nos sucede, sino por cómo respondemos a ello. Tomar la responsabilidad de tu sanación es la clave para recuperar tu poder personal. Aunque no podemos controlar todas las circunstancias de nuestra vida, siempre tenemos el poder de elegir nuestra respuesta. Pasar de la victimización a la acción es una decisión poderosa que abre la puerta a una vida más auténtica y empoderada.

Al adoptar un enfoque de crecimiento, **cada desafío se convierte en una oportunidad para conocerte mejor, aprender más sobre tu fortaleza interna y reconstruir tu vida desde un lugar de poder.** No se trata de negar el dolor ni de pretender que todo es fácil, sino de reconocer que tienes dentro de ti los recursos para enfrentarlo y superarlo. **Tu vida no está determinada por lo que te sucede, sino por cómo eliges responder.**

Capítulo 5:

El Poder del Auto-Perdón: Liberándose del Pasado

El auto-perdón no es solo un proceso; es un acto profundo de sanación que puede cambiar la trayectoria de nuestras vidas. **Cuando nos aferramos a la culpa, la vergüenza o el remordimiento, inconscientemente les damos poder para controlarnos,** atándonos a errores pasados, oportunidades perdidas y un potencial no aprovechado. En este estado, no estamos viviendo plenamente en el momento presente; en su lugar, estamos atrapados en un ciclo de autocrítica y arrepentimiento. **El auto-perdón es el antídoto para este ciclo, permitiéndonos liberarnos del pasado y crear un futuro basado en el crecimiento, la autocompasión y el empoderamiento.**

Mis Luchas con el Auto-Perdón: Un Viaje de Liberación y Crecimiento

Durante muchos años, cargué con un peso abrumador de culpa: culpa por relaciones fallidas, decisiones profesionales que no resultaron como esperaba y errores personales que parecían perseguirme a cada paso. El peso de estos arrepentimientos era insoportable, como si fuera constantemente recordado de lo que había hecho mal. Solía revivir cada conversación, cada decisión, cada momento en mi mente, preguntándome: "¿Podría haber hecho algo diferente? ¿Y si hubiera tomado otro camino?" Estas preguntas se convirtieron en mis compañeras constantes, llevándome por una espiral de autocrítica que dificultaba mi avance.

Una de las luchas más difíciles para mí fue el fin de una relación significativa. No solo fue la pérdida de la conexión, sino la culpa que la siguió. Me culpaba constantemente por las decisiones que había tomado y por cómo terminaron las cosas. Pensaba que, de alguna manera, yo era responsable de todo lo malo que había sucedido. No me permití ver la relación por lo que fue: una oportunidad de crecimiento, una lección valiosa sobre lo que necesitaba y lo que estaba dispuesto a dar. En cambio, dejé que la culpa me definiera. Sentía que no solo había fallado a la otra persona, sino también a mí mismo.

De manera similar, en mi carrera, hubo decisiones que tomé y que luego lamenté. Acepté un trabajo que parecía ser un paso hacia adelante, solo para darme cuenta de que no me llenaba y me agotaba. Me preguntaba si había tomado las decisiones equivocadas, dudaba de mi valía profesional y temía que había perdido tiempo en una dirección que no servía a mis pasiones ni a mi potencial. Caí fácilmente en la trampa de pensar que esos errores definían mi carrera, que no sería capaz de encontrar el éxito en un campo que realmente me apasionaba. La culpa de sentir que había "perdido" tiempo me mantenía atrapado, sin poder avanzar ni siquiera considerar nuevas oportunidades que coincidieran mejor con mis metas.

A medida que enfrentaba estas luchas, se hizo cada vez más claro que no podía seguir cargando con este peso. **El punto de inflexión llegó cuando entendí que el auto-perdón no se trataba de excusar mis errores, sino de liberarme del control que tenían sobre mí.** No se trataba de olvidar lo que había sucedido, sino de aceptar mis errores con compasión y permitirme ser humano. Comencé a comprender que mis decisiones, aunque no fueran las mejores, formaban parte de mi camino. Y lo más importante era cómo decidía responder a esas experiencias, no quedarme atrapado en ellas.

El proceso de liberar la culpa no fue inmediato. Requirió tiempo, paciencia y mucha autorreflexión. Tuve que **reconocer mis errores sin juzgarme,** verlos como oportunidades de crecimiento en lugar de pruebas de fracaso. Acepté que había hecho lo mejor que pude con el conocimiento y las herramientas que tenía en ese momento. **Al permitirme perdonarme, empecé a hacer espacio para la autocompasión.** Comencé a verme no como un fracasado, sino como alguien que había aprendido, que se había adaptado y que ahora estaba listo para avanzar. Me di cuenta de que **mis errores no definían mi valía y que mi pasado no dictaba mi futuro.**

A medida que liberaba la culpa, noté un cambio en la forma en que me veía a mí mismo. Comencé a abrazar mis imperfecciones y a reconocerlas como partes integrales de mi viaje. **Dejé de centrarme en lo que había hecho mal y comencé a enfocarme en lo que había aprendido, en lo que me había convertido gracias a ello.**

Comprendí que los errores no eran el final, sino el comienzo—una invitación para evolucionar, para crecer, para hacerlo mejor. **Este cambio me permitió abrirme a nuevas posibilidades,** tanto en mi carrera como en mi vida personal, sin el peso de la culpa que me frenaba.

El perdonarme también me hizo más empático hacia los demás. Dejé de exigirme estándares imposibles y, a su vez, comencé a extender la misma gracia a las personas de mi vida. Aprendí a valorar el desorden de la vida—los tropiezos, los desafíos, las imperfecciones. **Al practicar el auto-perdón, me volví más amable no solo conmigo mismo, sino también con los demás,** entendiendo que todos estamos en un viaje de crecimiento y que todos merecemos compasión, especialmente de nuestra parte.

Finalmente, liberar la culpa y perdonarme a mí mismo abrió la puerta a la autocompasión, lo que a su vez abrió puertas al desarrollo personal y al crecimiento. Comencé a avanzar con un sentido renovado de propósito y una comprensión más profunda de quién era y lo que quería en la vida. En lugar de ser definido por mis errores del pasado, me sentí empoderado por mi capacidad de aprender de ellos, adaptarme y continuar construyendo una vida alineada con mi verdadero ser.

El auto-perdón no es un acto único; es una práctica continua, un viaje de autocompasión y crecimiento. Se trata de aprender a dejar ir el pasado para poder abrazar el presente y el futuro, sabiendo que somos dignos de paz, felicidad y éxito, sin importar lo que hayamos experimentado. Cuando nos perdonamos a nosotros mismos, nos liberamos—creamos el espacio para sanar, evolucionar y vivir plenamente.

1. **Reconocer Tus Errores Sin Juicio:**
El Poder de la Honestidad: Reconocer tus errores es el primer paso crítico en el auto-perdón. Esto no significa azotarte o avergonzarte más. Significa simplemente reconocer lo que sucedió, aceptar que fue parte de tu camino, y entender que eres humano. *Acción Práctica:* Tómate un tiempo para reflexionar sobre lo que salió mal, ya sea escribiendo en un diario o simplemente reflexionando en silencio. Al hacerlo, resiste la tentación de culparte a ti mismo o a otros. En lugar de eso, simplemente reconoce la verdad de la situación. Por ejemplo, si tu error fue una relación fallida, acepta cómo tus acciones o la falta de ellas contribuyeron al desenlace, pero no te quedes atrapado en la culpa. *Clave:* Los errores no te definen. Son solo un capítulo pequeño de tu historia completa, y nos ofrecen valiosas lecciones que modelan el futuro. Al reconocerlos honestamente, abres la puerta al aprendizaje y al crecimi

2. **Practicar la Autocompasión Sé Amable Contigo Mismo:** La forma en que te hablas a ti mismo en momentos de fracaso dice mucho sobre tu autoestima. Cuando cometemos errores, es fácil caer en un ciclo de autocrítica negativa: "Soy tan estúpido", "Nunca seré lo suficientemente bueno", o "No merezco ser feliz". Sin embargo, la autocompasión significa tratarte con la misma bondad, cuidado y comprensión que le ofrecerías a un amigo que lo necesite.

Acción Práctica: Cuando notes pensamientos autocríticos, haz una pausa. Recuerda suavemente que no eres perfecto, y que los errores son parte natural de la experiencia humana. Una forma efectiva de practicar la autocompasión es hablarte a ti mismo con afirmaciones amorosas: "Estoy haciendo lo mejor que puedo", o "Me perdono a mí mismo y elijo aprender de esto".

Clave: La autocompasión no se trata de excusar comportamientos erróneos, sino de reconocer que los errores no definen tu valor. Eres digno de amor y comprensión, incluso cuando no logras todo lo que esperabas.

3. **Reflexionar y Aprender de la Experiencia Transforma el Arrepentimiento en Crecimiento:** A menudo, nos enfocamos tanto en el dolor de un error que olvidamos buscar la lección que se esconde detrás de él. Cada fracaso, dolor o error tiene el potencial de ser una lección valiosa. En lugar de ver los errores como fracasos definitivos, podemos replantearlos como oportunidades para crecer y evolucionar.

   Acción Práctica: Pregúntate: ¿Qué puedo aprender de esto? ¿Qué hice o dejé de hacer que contribuyó a esta situación? La reflexión no trata de culparte, sino de entender los factores que llevaron al resultado y usar esa comprensión para tomar mejores decisiones en el futuro. Por ejemplo, en una relación fallida, puedes darte cuenta de que la comunicación fue deficiente, o que ciertos límites no fueron establecidos. Reconocer esas lecciones te permitirá aplicarlas en el futuro y evitar cometer los mismos errores.

   Clave: La clave para aprender de los errores es replantearlos como oportunidades de crecimiento personal. Este cambio de perspectiva te permite avanzar con mayor sabiduría y madurez, tomando mejores decisiones a medida que avanzas.

4. **Liberar la Vergüenza y la Culpa Desafía las Historias Negativas que Te Cuentas:** La vergüenza es una emoción tóxica que te atrapa en el pasado, alimentando la creencia de que eres intrínsecamente defectuoso. Nos susurra que nuestros errores definen nuestro valor. Pero la verdad es que la culpa no es quién eres, ni lo es la vergüenza. Estas emociones pueden liberarse al reconocer que eres digno de redención y que los errores son parte de tu experiencia humana, no de tu identidad.

   Acción Práctica: Cuando surjan pensamientos negativos, como "No valgo nada por lo que hice", desafíalos directamente. Pregúntate: ¿Es esto cierto? ¿Es cierto que un error me hace indeseable de amor, éxito o felicidad? A menudo, estos pensamientos son distorsiones, y una vez que los reconocemos, podemos liberarnos de ellos.

5. **Dejar ir la vergüenza requiere un acto de voluntad:** debes decidir liberar la carga. Visualiza cómo dejas físicamente caer el peso de la culpa, como si estuvieras dejando una mochila pesada. Al hacerlo, creas espacio en tu vida para la autocompasión, la paz y la sanación.

   Clave: La vergüenza nos mantiene atrapados en el pasado, pero el perdón nos permite avanzar. Liberarnos de la vergüenza es como despojarnos de la piel vieja, haciendo espacio para un nuevo crecimiento.

6. **Actuar Hacia la Sanación Haz Enmiendas y Avanza:** A veces, el perdón no es solo un proceso interno; también requiere acción externa, especialmente si has lastimado a alguien más. En ciertos casos, ofrecer una disculpa sincera o hacer las paces puede ser una parte importante para dejar ir la culpa.

Acción Práctica: Si tu error ha impactado a otras personas, da los pasos necesarios para enmendar las cosas. Esto podría involucrar tener una conversación honesta, ofrecer una disculpa o incluso cambiar tu comportamiento de manera que demuestre que has aprendido del pasado. Pero recuerda, hacer enmiendas no se trata de buscar la aprobación de los demás, sino de asumir la responsabilidad y crear espacio para la sanación.

Clave: El acto de enmendar los errores ayuda a liberar la culpa porque mueve la situación de remordimiento pasivo a sanación activa. Tomar acción no solo ayuda en el perdón, sino que también te empodera para romper con el pasado.

7. **Establece Nuevas Intenciones y Comprométete con el Crecimiento. Avanza con Claridad:** El auto-perdón no solo se trata del pasado, sino de formar tu futuro. Cuando nos perdonamos a nosotros mismos, dejamos de ser definidos por nuestros errores y comenzamos a enfocarnos en quién queremos llegar a ser. Establece nuevas intenciones de crecimiento, ya sea tomando mejores decisiones, siendo más amable contigo mismo o esforzándote por relaciones más saludables.

Acción Práctica: Después de reflexionar sobre tus errores, pregúntate: ¿Cómo quiero crecer desde aquí? Establece metas claras y alcanzables que reflejen tus nuevos aprendizajes. Por ejemplo, si te das cuenta de que fuiste demasiado pasivo en tus relaciones pasadas, comprométete a ser más asertivo acerca de tus necesidades en el futuro. Cada pequeño paso hacia el crecimiento personal refuerza tu autoestima y ayuda a romper el ciclo de la culpa.

Clave: El perdón es liberador porque te permite enfocarte no en el pasado, sino en el momento presente y en la persona que estás convirtiéndote.

8. **Busca Apoyo Sanación a Través de la Conexión:** Perdonarse a uno mismo puede ser un proceso increíblemente aislante, pero no tienes que hacerlo solo. Hablar con un terapeuta, coach o amigo de confianza puede ofrecer un apoyo y perspectiva valiosos. Los sistemas de apoyo pueden guiarte durante el proceso y ayudarte a mantener el enfoque en tu crecimiento.

9. *Acción Práctica:* No dudes en buscar apoyo cuando te sientas perdido. Un terapeuta puede ayudarte a explorar las causas más profundas de tu culpa y vergüenza, mientras que un amigo o familiar puede brindarte ánimo y seguridad. Tener a alguien que te escuche puede ayudarte a ver que el auto-perdón no es un viaje solitario, sino una experiencia compartida por todos los seres humanos.

Clave: Tener apoyo no te hace débil, sino que te hace más fuerte. Proporciona la seguridad de que no estás solo, y que la sanación es un proceso comunal y compartido.

El auto-perdón no es algo que suceda de la noche a la mañana. Es un proceso, una serie de pasos que te permiten liberar poco a poco las cargas emocionales que te mantienen atrapado en el pasado. **Pero con paciencia, compasión y perseverancia, el auto-perdón se convierte en una fuerza transformadora.** Te libera de las cadenas de la culpa y la vergüenza, permitiéndote dar el paso hacia tu potencial completo. Al practicar estos pasos, desbloqueas el poder de sanar, crecer y avanzar con un renovado sentido de paz y propósito.

Capítulo 7:

La Sabiduría de los Fracasos

El Fracaso como un Peldaño: Abrazar los Tropiezos como Catalizadores de Transformación

El fracaso a menudo se percibe como una fuerza negativa, algo que debemos evitar a toda costa. Durante muchos años, temí al fracaso, viéndolo como una reflexión de mi incapacidad, mis debilidades y mis limitaciones. Cada vez que enfrentaba un revés—ya fuera en una relación, una decisión profesional o una meta personal—caía en un espiral de duda, convencido de que mi fracaso era una prueba de mi inadecuación. Veía el fracaso como un juicio final sobre mi carácter, y me paralizaba.

Sin embargo, con el tiempo, me di cuenta de que el fracaso no es el fin del camino, sino una parte integral del viaje. No se trata de evitarlo ni temerle, sino de abrazarlo, aprender de él y crecer a través de esa experiencia. El fracaso es un peldaño en el camino hacia el éxito, un momento de aprendizaje que nos proporciona las herramientas y la sabiduría necesarias para construir una versión más fuerte y resiliente de nosotros mismos.

1. **Transformar el Fracaso en Crecimiento: La Fertilidad de los Tropiezos**
   Durante muchos años, creí que el éxito era la ausencia de fracaso—que alcanzar nuestras metas significaba que todo debía salir perfectamente. Trabajaba incansablemente, a veces hasta el agotamiento, tratando de evitar el fracaso a toda costa. Pero lo que no entendí es que el verdadero éxito no se trata de evitar el fracaso, sino de lo que hacemos después de fracasar. Se trata de cómo nos levantamos, cómo aprendemos y cómo nos construimos a partir de esas experiencias.

   La verdad es que el fracaso es a menudo el suelo fértil en el que ocurre nuestro mayor crecimiento. Cuando enfrentamos desafíos, cuando las cosas no salen como esperábamos, es cuando nos vemos obligados a dar un paso atrás y revaluar. Miramos lo que funcionó, lo que no, y lo que podemos hacer mejor. Y en este proceso, aprendemos quiénes somos, qué realmente queremos y de qué somos verdaderamente capaces. Cada fracaso es una lección disfrazada, brindándonos la oportunidad de crecer más fuerte, más sabios y más resilientes.

2. **Resiliencia a Través de los Tropiezos: El Arte de Volver a Levantarse**
   Una de las lecciones más poderosas que el fracaso me enseñó es la importancia de la resiliencia. En algunos momentos, el peso del fracaso me resultaba insoportable. Ya fuera una relación que terminó inesperadamente o una decisión profesional que no

dio frutos, me encontraba cuestionando si realmente podría recuperarme. Pero en esos momentos de desesperación, descubrí que la resiliencia no es una característica inherente, sino un músculo que podemos fortalecer mediante la práctica.

La resiliencia es la capacidad de levantarse después de una caída, de volver a ponerse en pie cuando nos han derribado. Es la voluntad de seguir adelante, incluso cuando parece que todo se ha perdido. Me di cuenta de que cada fracaso, por más doloroso que pareciera en ese momento, era en realidad una oportunidad para construir resiliencia. Cada vez que fracasaba y me levantaba, fortalecía mi capacidad para resistir la adversidad, para mantenerme comprometido con mis metas a largo plazo y para seguir adelante a pesar de los desafíos. De esta manera, el fracaso se convirtió en el combustible para mi resiliencia, enseñándome que los tropiezos no eran obstáculos, sino lecciones que me hicieron más fuerte y más determinado.

3. **El Fracaso es Temporal: Romper la Ilusión de la Finalidad**

Una de las transformaciones más grandes en mi forma de pensar ocurrió cuando me di cuenta de que el fracaso no es permanente, a menos que nosotros lo permitamos. Durante muchos años, vi el fracaso como una conclusión final, irreversible. Cuando fracasaba, ya fuera en mi vida personal o en mi carrera, sentía que había llegado a un callejón sin salida. Pero con el tiempo, aprendí que el fracaso no es un evento, sino un proceso. Es un contratiempo temporal que no nos define.

Lo que aprendí es que el fracaso no es un estado permanente. Simplemente es un momento en el tiempo, un capítulo en nuestra historia, que eventualmente pasará. No es el fin del camino, sino una parte del viaje, un desvío que puede llevarnos a una mayor comprensión de nosotros mismos. Cuando comencé a ver el fracaso como algo temporal, dejé de verlo como un obstáculo insuperable. En cambio, empecé a verlo como parte del flujo de la vida, algo que pasaría y abriría paso a nuevas oportunidades.

4. **El Poder de la Auto-Compasión: Abrazar Nuestra Humanidad**

Durante muchos años, luché con la auto-compasión, especialmente después de un fracaso. Me reprendía por no ser lo suficientemente bueno o por no haber intentado más. Me criticaba por cada error, creyendo que el fracaso significaba que no merecía el éxito o la felicidad. Pero con el tiempo, comprendí que el fracaso no es un reflejo de nuestro valor; es simplemente una manifestación de nuestra humanidad.

A través de la auto-compasión, aprendí a tratarme con amabilidad y comprensión, en lugar de con juicio severo. Dejé de ver el fracaso como una señal de que no era lo suficientemente bueno y comencé a verlo como parte de ser humano. Todos fracasamos en algún momento de nuestras vidas; lo que importa es cómo respondemos a ese fracaso. Al abrazar la auto-compasión, pude reconocer mis errores sin dejar que me definieran. Aprendí a perdonarme, a mostrarme la misma comprensión y gracia que le ofrecería a un amigo que estuviera pasando por dificultades. Al hacerlo, dejé ir la vergüenza que me había mantenido atrapado en el pasado, y creé espacio para el crecimiento y la sanación.

5. **Reconocer los Errores y Dejar Ir la Vergüenza**
Una de las realizaciones más liberadoras que tuve fue que no tenía que cargar con el peso de la vergüenza. Durante mucho tiempo, tuve miedo de reconocer mis errores porque temía el juicio—tanto de los demás como el mío propio. Llevaba la creencia de que el fracaso era algo que debía esconder, una parte oscura de mí que necesitaba ser reprimida. Pero con el tiempo, aprendí que reconocer mis errores no era una señal de debilidad, sino un acto de valentía.

Al admitir mis errores, dejé de esconderme de ellos. Dejé de permitir que me controlaran y comencé a verlos como oportunidades para aprender y crecer. Liberarme de la vergüenza me permitió abrazar el fracaso con una sensación de paz, sabiendo que no me disminuía, sino que me hacía más sabio, más fuerte y capaz. Aprendí que el fracaso no es algo de lo que avergonzarse, sino algo que debemos aceptar como parte de nuestra historia. Y al dejar ir la vergüenza, pude avanzar con mayor claridad y confianza.

6. **Reflexión: El Fracaso como Camino a la Transformación**
Mirando hacia atrás, veo que el fracaso no fue el fin de mi viaje, sino el catalizador para mi transformación. Cada tropiezo, cada desafío, fue una oportunidad para aprender, crecer y convertirme en una mejor versión de mí mismo. El fracaso me enseñó resiliencia, auto-compasión y la importancia de abrazar el proceso, no solo el resultado. Me

enseñó que no estoy definido por mis fracasos, sino por cómo respondo a ellos.

Al reflexionar sobre tus propios fracasos, te animo a verlos como una parte natural y necesaria de tu viaje. Cada error es una oportunidad de crecimiento, cada tropiezo una invitación a ser más fuerte. No dejes que el fracaso te defina. En cambio, deja que te transforme. Abrazalo como el poderoso maestro que es, y confía en que con cada lección aprendida, te acercas más a la persona que estás destinado a ser. El fracaso no es el final; es el comienzo de tu transformación.

Reencuadrando el Fracaso: Transformando los Tropiezos en Peldaños hacia el Éxito

El fracaso, en todas sus formas, a menudo se siente como un veredicto severo—una declaración de que lo que hemos trabajado ha terminado en derrota. Pero, ¿y si el fracaso no fuera un veredicto? ¿Y si, en cambio, fuera una puerta de entrada? Una puerta no solo hacia el aprendizaje, sino hacia una transformación personal y profesional profunda. Cuando aprendemos a reencuadrar el fracaso, lo permitimos convertirnos en un peldaño, no en un obstáculo, y este cambio de perspectiva puede alterar la trayectoria misma de nuestras vidas.

La Historia Interior del Fracaso: De la Derrota a la Empoderación

El primer paso para reencuadrar el fracaso es **reconocer la historia que nos contamos a nosotros mismos sobre él**. Desde el momento en que experimentamos un contratiempo, la narrativa comienza. Nos decimos a nosotros mismos: "Fracasé", "No soy lo suficientemente bueno", o "Nunca lo lograré". Estas afirmaciones rápidamente se convierten en prisiones autoimpuestas, que nos encadenan a la idea de que estamos definidos por nuestros fracasos. La clave aquí es entender que **el fracaso es un evento, no una identidad**.

¿Qué pasaría si, en lugar de ver el fracaso como un fin, lo viéramos como un capítulo en un libro mucho más grande? Las historias que nos contamos pueden atraparnos en nuestros errores pasados o empoderarnos para abrazarlos como parte de nuestro crecimiento. El poder radica en cambiar esa narrativa interna de "Fracasé" a "He aprendido". Cada error, cada tropiezo, es una lección esperando ser descubierta—una oportunidad para reescribir la historia de nuestras vidas.

El Fracaso Como un Crisol de Aprendizaje

Cuando experimentamos un fracaso, es fácil perdernos en la decepción, el arrepentimiento y la duda que con frecuencia lo acompañan. Sin embargo, el fracaso no es un momento para quedarnos atrapados en la pena, sino un **crisol de evolución personal**. Si realmente estamos abiertos al proceso de crecimiento, cada fracaso puede revelar ideas profundas sobre quiénes somos, qué valoramos realmente y qué cambios necesitamos hacer para avanzar.

Profundicemos en el poder del aprendizaje a partir del

fracaso:

7. **Descubre las Lecciones Ocultas:** El fracaso es un reflejo de dónde estamos en el camino, pero también es un reflejo de a dónde podemos llegar. Pregúntate: *¿Qué me enseñó esta experiencia que el éxito no habría podido?* A menudo, aprendemos más sobre resiliencia, perseverancia y adaptabilidad del fracaso que lo que podríamos aprender de un triunfo. El fracaso nos enseña **humildad**, recordándonos que el éxito no es garantizado ni constante, sino que se gana a través del esfuerzo continuo.

8. **Desafiar Supuestos:** A menudo, el fracaso desafía los supuestos que tenemos sobre nosotros mismos y sobre el mundo. Un contratiempo profesional puede revelar que estábamos siguiendo las expectativas de otros en lugar de nuestras propias pasiones. Un fracaso en una relación puede enseñarnos que necesitamos centrarnos más en el amor propio y los límites. **El fracaso nos despierta,** forzándonos a reconsiderar nuestros caminos, nuestros valores y nuestros métodos. Es un momento de claridad, donde el universo (o la vida) exige que revaluemos lo que realmente importa.

9. **Resiliencia en Acción:** La belleza del fracaso es que nos obliga a ser más resilientes. Si el éxito es como caminar por un camino suave, el fracaso es como navegar por un terreno accidentado. Los obstáculos nos hacen más fuertes, más adaptables y mejor preparados para enfrentar desafíos futuros. Piénsalo como fortalecer músculos—cuanto más levantas, más fuerte te vuelves. De manera similar, cuanto más enfrentas y aprendes del fracaso, más resiliente te vuelves. Y la resiliencia es una de las cualidades más importantes que determinan el éxito a largo plazo.

10. **La Paradoja del Crecimiento:** Es fácil pensar en el fracaso como algo que debemos evitar a toda costa, pero el crecimiento y el éxito a menudo suceden en **correlación directa con la cantidad de fracasos que experimentamos.** Es la paradoja del crecimiento: tenemos que caer para levantarnos. Cada vez que fracasamos, estamos un paso más cerca del éxito. El fracaso no es el opuesto del éxito; es una parte esencial de él. **El acto mismo de fracasar con intención**—sabiendo que es un proceso de aprendizaje—es lo que nos prepara para el logro eventual. Es la práctica que nos refina, no el ganar.

Cambiar el Enfoque: Ver el Fracaso Como Retroalimentación

Uno de los cambios más poderosos que podemos hacer es **ver el fracaso no como derrota, sino como retroalimentación.** Imagina que cada fracaso es un mensaje, no de la vida, sino de nosotros mismos. Es un **bucle de retroalimentación** que nos ayuda a ajustar nuestro enfoque, recalibrar nuestras metas y alinearnos con nuestro verdadero propósito. La retroalimentación no es una crítica, sino una oportunidad para afinar nuestros esfuerzos.

Al adoptar esta perspectiva, el fracaso se convierte en algo menos sobre *lo que salió mal* y más sobre *lo que se puede mejorar.* Se trata de ver el **potencial de crecimiento** oculto en cada tropiezo. Ya sea que estés construyendo un negocio, navegando por relaciones personales o esforzándote por alcanzar una meta, el fracaso inevitablemente proporcionará ideas cruciales sobre lo que quizás necesites ajustar. En este sentido, el fracaso no es un adversario; es un **compañero en el camino**, guiándonos hacia la perfección y el éxito.

Estrategias Prácticas para Reencuadrar el Fracaso

Ahora, veamos algunas estrategias específicas para ayudarte a no solo reencuadrar el fracaso, sino para transformarlo en una herramienta continua de aprendizaje y crecimiento:

1. *Desglosar el Fracaso.* No Quedarse Atrapado en Él
   Cuando se produce un fracaso, tómate el tiempo para desglosar lo que ocurrió. ¿Qué estaba dentro de tu control? ¿Qué no lo estaba? En lugar de quedarte estancado en el arrepentimiento, usa este análisis para identificar áreas donde puedas tomar responsabilidad y realizar cambios positivos. Focalizarte en las lecciones en lugar de las emociones mantiene tu energía en movimiento hacia adelante.

2. *Crear Lecciones Accionables.* En lugar de decir "Fracasé", pregúntate: "¿Cuál es la lección más valiosa que me dejó esta experiencia?" Luego, convierte este aprendizaje en pasos accionables. Por ejemplo, si un proyecto no tuvo éxito, ¿qué puedes hacer de manera diferente en tu próximo intento? ¿Qué estrategias se pueden mejorar o revisar?

3. *Encuentra el Lado Positivo en Cada Tropiezo.*
   Siempre hay algo positivo oculto en el fracaso, aunque al principio pueda ser difícil verlo. Tal vez has adquirido una nueva habilidad, refinado tu comunicación o descubierto lo que no funciona. Reconocer los puntos positivos—los beneficios ocultos de tu fracaso. Estas lecciones son a menudo las que impulsan el éxito a largo plazo.

4. *Adoptar la Mentalidad de "Fracasar Rápido".* Aprender Más Rápido"

Este principio implica abrazar rápidamente el fracaso, aprender de él y adaptarse con rapidez. En un mundo que cambia rápidamente, la velocidad a menudo es más importante que la perfección. Cuanto antes aceptes el fracaso, más rápido podrás extraer lecciones, ajustar y avanzar más fuerte.

5. *Resistir la Tentación de Compararse.* Una de las trampas del fracaso es la tendencia a compararnos con otros, preguntándonos cómo podríamos haber hecho mejor o por qué no hemos alcanzado el mismo éxito. Esta comparación crea una presión innecesaria y fomenta sentimientos de insuficiencia. En su lugar, concéntrate en tu propio viaje, las lecciones únicas que has aprendido y el progreso que has hecho. Tu camino hacia el éxito es único para ti.

Transformando el Fracaso en Combustible para el Éxito

Al final, el fracaso no es un punto de llegada. No es una marca de incapacidad ni una señal de que hemos alcanzado el límite de nuestro potencial. El fracaso es un **poderoso maestro**, y cuando lo enfrentamos con un corazón y una mente abiertos, podemos extraer lecciones invaluables que dan forma a nuestro éxito futuro.

Al reencuadrar el fracaso como un proceso de aprendizaje, podemos **desbloquear su potencial oculto** para impulsarnos hacia adelante. Cada fracaso nos acerca más a la sabiduría, resiliencia y habilidades necesarias para lograr nuestras metas. Así que, la próxima vez que el fracaso llame a tu puerta, no huyas de él. Recíbelo como una parte crucial de tu camino y utilízalo para alimentar tu viaje hacia el crecimiento, el éxito y la plenitud.

Recuerda: El fracaso no es el fin del camino. Es simplemente una curva—aunque necesaria—en tu transformación. Acéptalo, aprende de él y sigue adelante.

El Fracaso No Es El Fin: Es El Suelo Donde Crece El Éxito

El fracaso no es algo que debamos temer; es el suelo donde el crecimiento echa raíces. Al igual que una semilla necesita atravesar la tierra para llegar a la luz del sol, nosotros también debemos enfrentar las luchas y desafíos del fracaso para cultivar el crecimiento personal y el éxito. Con demasiada frecuencia, vemos el fracaso como un reflejo de nuestra incapacidad o insuficiencia, pero en realidad, el fracaso es un paso necesario en nuestra evolución.

Cuando aprendemos de nuestros errores y los abrazamos como oportunidades para crecer, cambiamos nuestra perspectiva. En lugar de ver el fracaso como una derrota permanente, comenzamos a verlo como parte de un proceso mayor, uno que es esencial para convertirnos en la persona que estamos destinados a ser. El fracaso no es un obstáculo, sino más bien una guía que nos lleva más cerca de nuestro verdadero potencial.

El Papel del Fracaso en el Viaje del Crecimiento

El fracaso nos enseña de maneras que el éxito no puede. El éxito puede ser reafirmante y validante, pero es el fracaso el que guarda las lecciones más valiosas. Cuando no alcanzamos nuestras metas, nos obliga a hacer una pausa, reflexionar y reevaluar. Nos muestra lo que no funciona, lo cual es tan valioso como saber lo que sí funciona. Estas lecciones nos dan claridad y nos enseñan en qué áreas debemos mejorar, desafiándonos a adaptarnos, refinar nuestro enfoque y crecer más fuertes.

Así como la tierra se enriquece con nutrientes después de una tormenta, el fracaso nos ofrece los nutrientes necesarios para nuestro crecimiento. Cada fracaso, ya sea grande o pequeño, agrega sabiduría y fortalece nuestra resiliencia. De hecho, el fracaso suele ser el **punto de partida** para nuestros avances más significativos. Las personas que logran el éxito son aquellas que han aprendido a persistir después de caer, las que siguen sembrando, creciendo y avanzando.

Cambiar la Perspectiva: De Derrota a Oportunidad

Para transformar el fracaso en una herramienta de éxito, debemos **reformular** nuestra percepción de él. En lugar de verlo como un retroceso, podemos elegir verlo como un **catalizador para el cambio**. Cuando aceptamos el fracaso como parte normal del proceso, comenzamos a sentir menos miedo hacia él y más poder por él.

Al reformular el fracaso como una oportunidad para aprender, nos damos permiso para intentar nuevas cosas, cometer errores y crecer. Este cambio de mentalidad fomenta el **coraje**, porque dejamos de temer las "decisiones equivocadas" y comenzamos a verlas como peldaños hacia algo más grande.

El Poder de Aprender de los Errores

Cada vez que cometemos un error, se nos da la oportunidad de reflexionar sobre lo que salió mal, por qué ocurrió y qué podemos hacer de manera diferente la próxima vez. Este proceso de reflexión es fundamental para el crecimiento personal. Requiere **honestidad con nosotros mismos**, y a veces eso significa enfrentar verdades incómodas sobre nuestras acciones, decisiones o creencias. Sin embargo, esto es lo que nos hace mejores, más capaces y más en sintonía con nuestro ser verdadero.

A medida que aprendemos de nuestros fracasos, nos volvemos **más resilientes**. Cada fracaso fortalece nuestra capacidad para manejar los desafíos en el futuro. Con cada lección que aprendemos, agregamos otra capa de sabiduría a nuestra base interna. Es a través de este proceso continuo que comenzamos a ver los patrones en nuestras vidas: lo que funciona, lo que no, y lo que realmente somos capaces de hacer.

De Miedo a Empoderamiento: Abrazando el Fracaso Como Parte del Éxito

La clave definitiva para superar el miedo al fracaso es aceptar que **fracaso y éxito no son opuestos**, sino dos caras de la misma moneda. Es la voluntad de fracasar y aprender de ello lo que nos permite crecer y, finalmente, tener éxito. Cada fracaso nos acerca a nuestro objetivo final porque nos obliga a confrontar nuestras debilidades, mejorar nuestras estrategias y refinar nuestro camino.

Así que, en lugar de evitar el fracaso, podemos abrazarlo como una **parte integral del viaje.** Cada retroceso, cada obstáculo es una oportunidad para el autodescubrimiento. Con cada fracaso, nos volvemos más afinados a las lecciones que nos guiarán hacia el éxito duradero.

Conclusión: Sembrando las Semillas del Futuro

El fracaso no es un estado permanente; es un momento temporal en el proceso continuo de superación personal. Al reconocer el fracaso como el terreno fértil para el crecimiento, desbloqueamos el poder de transformar nuestros reveses en peldaños. A medida que seguimos aprendiendo de nuestros errores y haciendo los ajustes necesarios, comenzamos a allanar el camino hacia un futuro lleno de potencial y éxito.

En última instancia, el fracaso no es algo que debamos temer: es justamente lo que hace posible el éxito. Así que, la próxima vez que enfrentes el fracaso, no lo veas como un fin. Véalo como el suelo del cual crecerá tu éxito.

Convierte tus fracasos pasados en peldaños hacia el éxito

Cada uno de nosotros tiene un pasado lleno de fracasos, errores y momentos en los que las cosas no salieron como esperábamos. Pero, en lugar de ver estos fracasos como fracasos definitivos, ¿por qué no empezar a verlos como **peldaños** en tu camino hacia el éxito? En lugar de quedarte atrapado en la tristeza o la frustración por lo que no salió bien, aprovecha esos momentos como oportunidades para crecer y aprender.

Reflexiona sobre lo aprendido

Cada fracaso que has experimentado tiene una lección invaluable escondida en él. Puede ser difícil ver esto en el momento, cuando las emociones están a flor de piel, pero cada vez que enfrentas un obstáculo, hay algo que puedes aprender. Quizás aprendiste a ser más paciente, tal vez descubriste una forma diferente de abordar un problema o tal vez llegaste a conocer tus propios límites y fortalezas. Lo que sea que hayas aprendido de esos fracasos pasados, **aprécialo**. Esas lecciones no solo son importantes, sino que te brindan las herramientas necesarias para enfrentar los retos del futuro con mayor sabiduría y determinación.

Usa lo aprendido para avanzar

Ahora es el momento de usar esos aprendizajes como impulso para avanzar. Cada vez que te enfrentes a un nuevo desafío, recuerda las lecciones que has aprendido de tus fracasos pasados. Las experiencias que pensabas que te habían derrotado, en realidad, te estaban preparando para lo que vendría. En lugar de temer el próximo fracaso, acéptalo como parte natural de tu evolución. Recuerda que el fracaso no es el final, sino una oportunidad para ajustar tu enfoque y seguir adelante con más fuerza.

Transforma el miedo en motivación

Es fácil dejarse llevar por el miedo al fracaso, pero este solo puede frenarte si se lo permites. Si eliges ver el fracaso como un maestro en lugar de un enemigo, te sentirás empoderado para dar el siguiente paso, sin importar lo que haya ocurrido en el pasado. **Haz de cada error un peldaño más**, más cerca de alcanzar tus metas.

Así que la próxima vez que enfrentes un fracaso, no lo veas como una barrera, sino como una oportunidad para crecer y avanzar. **Cambia tu perspectiva.** Los fracasos no son señales de que no puedas lograr algo; son pruebas de que tienes la capacidad de aprender y adaptarte. Cada caída te brinda la oportunidad de levantarte más fuerte y más sabio, listo para alcanzar nuevas alturas.

Recuerda, los fracasos no definen quién eres. Lo que realmente te define es lo que haces con ellos. Usa cada lección aprendida como un peldaño hacia un futuro más brillante. ¡El mejor está por venir!

Capítulo 8:

Renacer Desde la Pérdida

Abrazando Nuevos Comienzos Después de una Pérdida Significativa: Redefiniendo Nuestro Propósito

La vida, en su naturaleza dinámica, nos enfrenta constantemente a situaciones que nos desafían. Uno de los momentos más profundos de transformación ocurre cuando experimentamos la pérdida de algo significativo: ya sea una relación, un trabajo, una oportunidad, o incluso una parte de nuestra identidad. Estos momentos de pérdida nos conmueven profundamente y, aunque nos sumergen en el dolor, también nos abren la puerta a nuevas posibilidades. Pero, ¿cómo abrazamos estos nuevos comienzos? ¿Cómo encontramos el coraje para redefinir nuestra vida y sentido de propósito después de la pérdida?

El Dolor de la Pérdida

La pérdida nos coloca en un espacio donde todo parece desmoronarse. Puede ser tan abrumador que nos resulta difícil imaginar un futuro diferente o una vida que siga adelante. Durante mucho tiempo, me encontré en ese espacio, sintiendo que no había un camino hacia la luz después de la oscuridad. Sin embargo, al mirar hacia atrás, me doy cuenta de que ese dolor era solo el preludio de una transformación profunda.

La pérdida nos confronta con nuestra vulnerabilidad. Nos invita a cuestionar nuestras prioridades, nuestras decisiones, y la identidad que habíamos construido hasta ese momento. Pero también nos da la oportunidad de reconstruir, de redescubrir lo que realmente importa. Es en este espacio de vulnerabilidad donde nace nuestra capacidad de reinventarnos, de renacer de nuestras propias cenizas.

Empezar de Nuevo: El Proceso de Reinventarse

El proceso de reinventarse después de una pérdida significativa no es algo que suceda de la noche a la mañana. Es un viaje de autodescubrimiento que involucra mirar hacia adentro, aceptar nuestras heridas, y luego dar los pasos necesarios para sanar. Reinventarse no se trata de borrar el pasado ni de negar lo que se ha perdido, sino de hacer un espacio para lo nuevo, para la esperanza, para la posibilidad de algo mejor.

Uno de los mayores desafíos que enfrentamos después de la pérdida es el miedo al "empezar de nuevo". La idea de soltar lo que conocíamos y aventurarnos en lo desconocido puede ser aterradora. Pero es importante recordar que comenzar de nuevo no significa comenzar desde cero. Todo lo que hemos vivido hasta ahora, todas nuestras experiencias, nos han formado y nos han dado las herramientas para enfrentar lo que viene. Empezar de nuevo es más bien una oportunidad para aplicar lo aprendido, para redefinirnos de una manera más auténtica y alineada con lo que realmente deseamos.

Reinventar el Propósito

La pérdida de algo significativo suele sacudir nuestra identidad, pero también es la oportunidad perfecta para revisar y redefinir nuestro propósito. Cuando algo importante se va, el espacio vacío que deja puede ser una invitación para crear algo nuevo. El propósito, que a menudo asociamos con lo que hacemos o con los logros externos, puede ser más profundo y flexible de lo que creemos.

Para mí, este proceso de redefinir el propósito no fue inmediato. En mi caso, después de una serie de pérdidas personales y profesionales, me encontré buscando respuestas en lugares que nunca había considerado antes. Me di cuenta de que mi propósito no estaba en las cosas externas ni en los títulos, sino en las conexiones humanas, en ser un mejor padre para mi hija, y en encontrar un camino que me permitiera aportar más al mundo de una manera auténtica y significativa.

Este proceso de encontrar un nuevo propósito implicó aceptar que las metas anteriores podían haber cambiado. Algunas metas dejaron de ser importantes, mientras que otras comenzaron a surgir, guiadas por una visión más clara de quién quería ser en el futuro. Redefinir nuestro propósito después de una pérdida no significa que todo lo que sabíamos antes ya no tenga valor, sino que tomamos lo mejor de esos aprendizajes y los adaptamos a la nueva versión de nosotros mismos.

Abrazar la Transformación

Una vez que damos el primer paso hacia la reinvención, algo mágico comienza a suceder. La transformación no solo se refiere a lo que hacemos, sino a lo que nos convertimos. Es una evolución interna que nos lleva a abrazar nuestra capacidad de resiliencia, nuestra capacidad de cambiar y adaptarnos.

A través de este proceso de transformación, aprendí que las nuevas oportunidades no siempre se presentan de manera clara o en el momento que esperamos. A veces, las puertas se abren después de momentos de incertidumbre, pero lo que realmente importa es nuestra disposición a caminar hacia ellas. Al soltar lo que ya no nos sirve, creamos espacio para lo que está por venir, y comenzamos a experimentar el renacer de una versión más fuerte, más sabia y más auténtica de nosotros mismos.

Reflexión y Crecimiento

Te invito a reflexionar sobre las pérdidas que has experimentado en tu vida. ¿Qué te han enseñado? ¿Cómo te han impulsado a crecer y a redefinir tu propósito? Aunque el proceso de reinventarse puede ser desafiante, cada paso que damos en esta dirección nos acerca a una versión más plena de nosotros mismos.

Embrace the opportunity that loss brings. When something significant ends, it is not the end of your story—it is the beginning of a new chapter. And in this new chapter, you have the power to reinvent yourself, to embrace new opportunities, and to create a life filled with meaning and purpose, no matter the setbacks you have faced. You are stronger, wiser, and more capable than you realize. Trust that the best is yet to come.

Abrazando Nuevos Comienzos: El Valor del Cambio y la Apertura a Oportunidades Inesperadas

La vida está llena de momentos que nos empujan hacia nuevas direcciones, a veces sin previo aviso. Al principio, puede parecer aterrador. Cuando todo parece estar en su lugar y algo cambia, lo primero que sentimos es incertidumbre, incluso miedo. Sin embargo, es en estos momentos de cambio, cuando nos vemos obligados a empezar de nuevo, que las oportunidades más grandes pueden surgir. Este capítulo está dedicado a explorar cómo abrazar esos nuevos comienzos, ver el valor del cambio y mantenernos abiertos a las oportunidades, incluso cuando el miedo nos paraliza.

El Desafío de los Nuevos Comienzos

He experimentado en carne propia la intensidad de tener que comenzar de nuevo. Esa relación fue una ruptura que me dejó completamente devastado, no solo por la pérdida en sí misma, sino porque me vi forzado a cuestionar todo lo que había dado por sentado. Me sentí completamente perdido, como si el futuro hubiera dejado de tener sentido, y el miedo al cambio me abrumó por completo. La idea de empezar desde cero me resultaba aterradora, porque sentía que ya no tenía las respuestas que antes creía tener.

Sin embargo, a medida que pasaron los meses, empecé a darme cuenta de que no era el final de mi historia, sino una oportunidad para escribir un nuevo capítulo. El proceso de reinvención comenzó cuando dejé de aferrarme al pasado y comencé a explorar las posibilidades que aún estaban frente a mí. Lo que al principio parecía una catástrofe se transformó en una puerta abierta hacia el autodescubrimiento y el crecimiento personal.

El Valor del Cambio

El cambio, aunque a menudo temido, es una de las fuerzas más poderosas de la vida. Nos asusta porque nos reta a dejar atrás lo conocido, lo cómodo, y adentrarnos en lo incierto. En ocasiones, nos enfrentamos a momentos en los que todo lo que hemos conocido se desmorona ante nuestros ojos, dejándonos con la sensación de que estamos perdiendo algo fundamental.

Recuerdo el momento en que decidí cambiar por completo mi carrera profesional. Había pasado años en una trayectoria que pensaba era la correcta, pero siempre había una sensación de vacío. No era feliz, pero no sabía cómo cambiarlo. El miedo de dar un giro radical me paralizaba. ¿Qué pasaría si fracasaba? ¿Y si mi vida anterior se desmoronaba y no podía reconstruirla? Sin embargo, algo dentro de mí me impulsó a dar el salto. Dejé atrás una vida que no me estaba llevando a ningún lado y comencé algo nuevo, algo que de verdad me apasionaba.

El proceso no fue fácil. Al principio, sentí miedo, incertidumbre y la duda constante de si había tomado la decisión correcta. Pero con el tiempo, entendí que este cambio, aunque aterrador, era exactamente lo que necesitaba. Dejé de aferrarme a lo que ya no me servía y comencé a construir algo que me llenaba de propósito y satisfacción. Lo que parecía una pérdida al principio se transformó en una ganancia invaluable: la libertad de ser yo mismo, de seguir mis verdaderas pasiones.

El cambio, aunque incómodo, es lo que nos da la oportunidad de crecer, reinventarnos y vivir de una manera más alineada con lo que realmente somos.

La Importancia de Mantenerse Abierto a Nuevas Oportunidades

Cuando el miedo nos invade, tendemos a cerrarnos a lo que podría ser una oportunidad. El miedo a lo desconocido nos mantiene atrapados en nuestra zona de confort, haciendo que evitemos nuevas experiencias. Sin embargo, cada vez que cerramos la puerta a nuevas oportunidades, limitamos nuestro crecimiento personal y profesional.

Recuerdo un momento en el que tuve que tomar una decisión difícil: mudarme a otro lugar para comenzar de nuevo, con la incertidumbre de no saber cómo sería mi vida allí. Tenía miedo de lo que me esperaría. ¿Sería capaz de adaptarme? ¿Sería un fracaso? Sin embargo, la respuesta llegó cuando entendí que mi crecimiento solo ocurriría si me atrevía a abrazar el cambio y estar abierto a nuevas experiencias, incluso cuando no tenía todas las respuestas.

Al mudarme, me encontré con nuevas personas, nuevas ideas y nuevas oportunidades. Este cambio no solo mejoró mi vida profesional, sino que también fortaleció mis relaciones personales. Aprendí que a veces, lo que parece una opción aterradora es en realidad la mejor manera de avanzar.

Superar el Miedo al Cambio

El miedo al cambio es natural, pero no debe impedirnos aprovechar las nuevas oportunidades. Aquí hay algunas estrategias que utilizo para mantenerme abierto y abrazar nuevos comienzos, incluso cuando el miedo parece paralizante:

1. **Enfrenta tus miedos**: Aceptar que el miedo es parte del proceso y que no tiene que dictar tus decisiones. Cada vez que enfrentamos nuestros miedos, descubrimos que en realidad no son tan grandes como parecen.
2. **Hazlo paso a paso**: A veces, mirar el cambio como un todo puede ser abrumador. En lugar de eso, divídelo en pasos más pequeños y alcanzables, de modo que puedas avanzar sin sentirte abrumado.
3. **Recuerda por qué lo haces**: Mantén clara tu visión del futuro y recuerda por qué estás tomando estos pasos. Tener un propósito claro te ayudará a superar cualquier incertidumbre.
4. **Acepta la imperfección**: No todo saldrá perfecto, y está bien. El cambio involucra errores y ajustes, pero cada paso en falso es una lección valiosa.
5. **Confía en el proceso**: La vida tiene una forma de sorprendernos. Aunque no siempre vemos lo que viene, confiar en que lo que está sucediendo es parte de un proceso mayor nos da la calma necesaria para seguir adelante.

Reflexión Final

En los momentos de cambio, es crucial recordar que el miedo no tiene que ser un obstáculo. Al contrario, es una señal de que estamos creciendo, de que estamos saliendo de nuestra zona de confort para abrirnos a nuevas experiencias. Cuando abrazamos los nuevos comienzos con el corazón abierto, nos damos permiso para evolucionar, para descubrir una versión de nosotros mismos que no sabíamos que existía.

Hoy, miro atrás a esos momentos de incertidumbre y miedo y me doy cuenta de que esos fueron los momentos que más me definieron. Esos "comienzos difíciles" fueron en realidad puertas hacia una vida mucho más rica, llena de significado y aprendizaje. Y lo más hermoso de todo es que esos nuevos comienzos nunca se detienen. La vida sigue ofreciéndonos nuevas oportunidades para reinventarnos, para empezar de nuevo, y para crear la vida que deseamos.

Abrazar los nuevos comienzos no es solo una opción; es un regalo. Un regalo que nos permite crecer, sanar, y caminar hacia un futuro lleno de posibilidades. Así que no tengas miedo de lo nuevo. Da ese primer paso, y verás cómo la vida empieza a abrirse ante ti de maneras que nunca imaginaste.

Capítulo 9:

Encontrar la Paz en el Momento Presente

El Arte de Vivir en el Ahora

Vivimos en un mundo donde la velocidad y la inmediatez lo dominan todo. Las expectativas sociales y las demandas personales nos empujan a vivir en un constante estado de urgencia. Queremos anticipar el futuro, planificar cada detalle, y al mismo tiempo, nos aferramos a los recuerdos del pasado, ya sean de nostalgia o arrepentimiento. Pero, ¿cuántos de nosotros realmente vivimos el presente? ¿Cuántos somos capaces de detenernos, tomar un respiro profundo y estar plenamente conscientes de este instante que, al fin y al cabo, es lo único que realmente poseemos?

La realidad es que encontrar paz en el presente es un arte que pocos han aprendido a dominar, pero es un arte que está al alcance de todos. Este capítulo está dedicado a explorar la belleza de vivir el ahora, a aprender a liberarnos de las cadenas del pasado y las ansiedades del futuro, para abrazar con gratitud y atención cada momento que se nos presenta.

La Trampa de Vivir en el Pasado y el Futuro

La mente humana tiene la tendencia a divagar entre dos extremos: el pasado y el futuro. Muchas veces, nos encontramos reviviendo antiguas heridas, repasando una y otra vez los errores que cometimos, o lamentándonos por oportunidades que no aprovechamos. Este enfoque nos llena de tristeza, arrepentimiento, y en ocasiones, de culpa. Por otro lado, también podemos ser consumidos por la ansiedad del futuro, preocupándonos por problemas que aún no existen, temiendo lo desconocido, e intentando anticipar cada posible obstáculo que se cruce en nuestro camino.

Pero aquí está la verdad: ni el pasado ni el futuro están bajo nuestro control. El pasado ya ha sucedido y no podemos cambiarlo, mientras que el futuro es una incógnita llena de posibilidades que no podemos prever por completo. Al enfocarnos en estas dos realidades que no podemos manipular, perdemos de vista el poder que tenemos en el único momento que realmente importa: el presente.

El Poder Transformador del Momento Presente

La práctica de la atención plena, o mindfulness, nos invita a estar presentes de una manera consciente y deliberada. No se trata solo de estar físicamente en un lugar, sino de estar mental y emocionalmente presentes. Significa escuchar sin juzgar, observar sin anticipar, y sentir sin apegarse. Cuando logramos vivir en el presente, experimentamos una transformación profunda: la vida se vuelve más rica, más colorida, y llena de significados que antes pasaban desapercibidos.

117

Vivir en el ahora significa disfrutar de la simplicidad de las cosas cotidianas: el aroma del café por la mañana, el sonido de la lluvia al caer, la risa compartida con un ser querido, o incluso el simple acto de respirar. Al practicar la atención plena, no solo reducimos el estrés y la ansiedad, sino que también abrimos la puerta a una vida más auténtica y satisfactoria.

Dejar Ir para Crear Espacio para el Presente

Uno de los mayores obstáculos para vivir el presente es nuestra incapacidad de soltar. Nos aferramos al dolor de lo que fue y al miedo de lo que podría ser, como si sostener esos pensamientos nos ofreciera algún tipo de protección. Pero, en realidad, lo único que logramos es cargar con un peso innecesario que nos impide avanzar.

Dejar ir no significa olvidar o ignorar lo que ha sucedido, sino soltar el apego emocional que nos mantiene atados al sufrimiento. Es un acto de liberación, una declaración de que merecemos vivir plenamente sin las cadenas de las experiencias pasadas ni el temor constante al futuro. Cuando soltamos, hacemos espacio para lo nuevo, para lo que realmente importa, para lo que está sucediendo ahora.

Estrategias para Practicar la Presencia

Para aquellos que desean abrazar el presente, aquí hay algunas estrategias que pueden ayudar a cultivar una vida más consciente:

1. **Respiración Consciente**: Una de las formas más simples pero efectivas de anclarnos al presente es a través de la respiración. Tómate unos minutos cada día para realizar respiraciones profundas y

conscientes. Si te sientes abrumado, cierra los ojos y enfócate en cómo entra y sale el aire de tu cuerpo. La respiración es un recordatorio de que estás vivo aquí y ahora.

2. **Meditación de Atención Plena**: Establece un ritual diario de meditación, aunque sea por unos pocos minutos. Siéntate en un lugar tranquilo, cierra los ojos y enfoca tu atención en tu respiración, en los sonidos a tu alrededor o en las sensaciones de tu cuerpo. Deja que tus pensamientos fluyan sin aferrarte a ellos. La meditación es una herramienta poderosa para calmar la mente y estar presente.

3. **Práctica de la Gratitud Inmediata**: A lo largo del día, haz pausas para reflexionar sobre lo que agradeces en ese momento. Pueden ser cosas simples como una conversación agradable, un atardecer espectacular o la sensación del sol en tu piel. La gratitud te conecta con el presente y te ayuda a encontrar alegría en lo cotidiano.

4. **Conectar con la Naturaleza**: La naturaleza tiene una forma mágica de anclarnos en el presente. Da un paseo por el parque, siéntate junto al mar o simplemente observa el cielo. Al rodearte de la belleza natural, es más fácil dejar atrás el ruido mental y reconectar con el ahora.

5. **Práctica del Movimiento Consciente**: Ya sea a través del yoga, el tai chi, o simplemente caminando con atención plena, el movimiento consciente te permite estar presente en tu cuerpo y en el momento. Siente cada paso, cada estiramiento, cada respiración mientras te mueves. Esto no solo mejora tu bienestar físico, sino que también centra tu mente.

6. **Desconectar para Reconectar**: En un mundo saturado de tecnología, aprender a desconectar es vital. Establece tiempos específicos para apagar tu

teléfono, evitar las redes sociales y desconectar del ruido digital. Esto te ayudará a reconectar contigo mismo y con quienes te rodean.

Aceptar la Imperfección del Presente

La vida no siempre es perfecta, y el presente tampoco lo será. Habrá momentos de alegría, pero también habrá desafíos, dolores y pérdidas. Vivir el ahora no significa buscar un estado constante de felicidad, sino aprender a aceptar la vida en su totalidad, con sus altos y bajos, sus luces y sombras. La verdadera paz proviene de abrazar cada momento tal como es, sin expectativas ni juicios.

Cuando aprendes a vivir en el presente, descubres que incluso en los momentos más difíciles hay lecciones que aprender, y en los momentos más simples, hay belleza que disfrutar. Aprender a aceptar el presente con todas sus imperfecciones es un acto de amor propio, una forma de decir "me acepto tal como soy y acepto la vida tal como es".

Al final, el presente es nuestro mayor regalo, un regalo que a menudo damos por sentado. Al practicar la presencia, abrimos nuestros corazones a la posibilidad de una vida más plena, más rica y, sobre todo, más auténtica. Vivir el ahora es, en última instancia, vivir una vida que realmente se siente nuestra.

El Momento Presente como Refugio

Hay una paz indescriptible que viene al vivir plenamente el ahora. Dejar de luchar contra lo que ya pasó y de temer lo que podría venir me permitió experimentar una ligereza que nunca había sentido antes.

Aprendí que la vida se compone de pequeños momentos, y que, al prestarles atención, descubrimos la verdadera esencia de la felicidad.

Hoy, todavía hay días en los que mi mente quiere arrastrarme hacia el pasado o empujarme hacia el futuro, pero ahora tengo las herramientas para regresar al presente. Y cada vez que lo hago, me siento más en paz, más centrado, más agradecido. Vivir en el momento presente no es solo una práctica, sino un regalo que nos damos a nosotros mismos.

Así que te invito a intentarlo. Permítete ser consciente de este momento, aquí y ahora, porque en realidad, es lo único que tenemos.

Capítulo 10: Un Futuro Lleno de Posibilidades

Abrazando el Futuro con Esperanza, Fe y Propósito

A medida que llegamos al final de este viaje de autodescubrimiento, transformación y sanación, es natural mirar hacia adelante y preguntarnos: ¿qué nos espera en el horizonte? La verdad es que el futuro siempre será un territorio desconocido, pero es precisamente en esa incertidumbre donde reside su belleza. Es un lienzo en blanco lleno de posibilidades, una oportunidad para crear, reinventar y vivir de manera más auténtica.

El Poder de Transformar el Dolor en Esperanza

Cuando miramos hacia atrás y reflexionamos sobre nuestro camino, podemos ver cómo cada experiencia, por dolorosa que haya sido, nos ha forjado en personas más fuertes, más conscientes y más resilientes. A lo largo de nuestra vida, hemos enfrentado retos que parecían insuperables, momentos de duda y miedo que nos hicieron cuestionar todo lo que éramos y todo lo que creíamos. Pero al superar esos desafíos, descubrimos que no solo somos capaces de resistir, sino también de transformarnos.

El proceso de crecimiento y sanación no es lineal; está lleno de altibajos, de retrocesos y avances. Sin embargo, lo que importa no es cuántas veces hemos caído, sino cuántas veces hemos tenido el coraje de levantarnos. Esta valentía de seguir adelante, incluso cuando el camino es incierto, es lo que nos prepara para un futuro lleno de posibilidades.

La Importancia de una Mentalidad Positiva

Uno de los mayores aprendizajes que podemos llevar con nosotros es la importancia de mantener una mentalidad positiva y abierta. No se trata de ser ingenuos o ignorar los desafíos, sino de elegir conscientemente ver la vida con ojos de fe y esperanza. Cuando adoptamos una mentalidad de abundancia, en lugar de escasez, comenzamos a ver oportunidades donde antes solo veíamos obstáculos.

El futuro puede parecer aterrador, especialmente cuando hemos experimentado pérdidas o fracasos en el pasado. Pero cada día es una nueva oportunidad para empezar de nuevo, para escribir un capítulo diferente, para ser la persona que siempre hemos deseado ser. Con una mente abierta y un corazón dispuesto, el futuro no es algo a temer, sino algo a abrazar con entusiasmo.

Sanación, Crecimiento y un Nuevo Propósito

El camino hacia la sanación nos enseña que no estamos definidos por nuestro pasado, sino por cómo elegimos enfrentarlo. Cada herida que hemos sanado, cada lágrima que hemos derramado, nos ha hecho más compasivos, no solo con nosotros mismos, sino también con los demás. Esta compasión se convierte en la base sobre la cual construimos un futuro más significativo.

La sanación no es el final del viaje, sino el comienzo de una nueva etapa. Es un renacimiento que nos da la oportunidad de vivir con un propósito renovado. Nos permite replantear nuestras prioridades, enfocarnos en lo que realmente importa, y vivir de acuerdo con nuestros valores más profundos. El futuro, entonces, no es solo un lugar al que llegaremos, sino un reflejo de quién decidimos ser a partir de ahora.

Abrazar el Futuro con Fe y Confianza

El miedo al futuro es natural, pero no podemos permitir que nos paralice. La clave está en confiar en nosotros mismos, en nuestras habilidades y en el universo que nos rodea. Tener fe no significa tener todas las respuestas, sino creer que, pase lo que pase, tendremos la fortaleza para enfrentarlo. La fe es la brújula que nos guía cuando el camino no está claro, la luz que nos muestra que, incluso en los momentos más oscuros, siempre hay una salida.

Prácticas para Cultivar Esperanza y Propósito en el Futuro

Para aquellos que desean abrazar el futuro con esperanza y un sentido renovado de propósito, aquí hay algunas estrategias que pueden ser útiles:

1. **Visualiza tu Futuro Ideal**: Tómate un momento para imaginar cómo te gustaría que fuera tu vida en los próximos años. No te limites; sueña en grande. Visualizar tus metas y sueños te ayudará a mantenerte motivado y enfocado en lo que realmente deseas.

2. **Define Tus Valores y Prioridades**: Reflexiona sobre lo que realmente es importante para ti. Asegúrate de que tus decisiones y acciones estén alineadas con tus valores más profundos. Esto te dará un sentido de propósito y dirección en la vida.

3. **Practica la Gratitud Diaria**: Agradecer por lo que ya tienes crea una mentalidad de abundancia. Al reconocer las bendiciones de hoy, te preparas para recibir las oportunidades del mañana con un corazón abierto.

4. **Mantente Abierto al Cambio**: La vida es un flujo constante, y resistirse al cambio solo trae frustración. Aprende a fluir con la vida, a adaptarte y a ver el cambio como una oportunidad para crecer y evolucionar.

5. **Rodéate de Personas Positivas**: La gente que te rodea tiene un impacto significativo en tu mentalidad y actitud hacia la vida. Busca el apoyo de aquellos que te inspiran y te empujan a ser la mejor versión de ti mismo.

6. **Cultiva la Resiliencia**: Recuerda que los desafíos son parte del viaje. Cada obstáculo superado fortalece tu capacidad para enfrentar el futuro con confianza. Aprende a ver los retos no como barreras, sino como lecciones que te preparan para lo que viene.

Un Futuro Brillante Te Espera

Al llegar al final de este libro, quiero invitarte a mirar hacia el futuro con nuevos ojos. Que veas cada día como una oportunidad para empezar de nuevo, para crecer, para amar y para vivir con propósito. No permitas que el miedo al fracaso o las cicatrices del pasado te impidan avanzar.

El futuro es tuyo para crearlo, y está lleno de posibilidades ilimitadas. Abraza cada momento con gratitud, mantén la fe en ti mismo y en el proceso, y nunca dejes de soñar. Porque al final, no se trata solo de llegar a un destino, sino de disfrutar y aprender en cada paso del camino. Un futuro lleno de esperanza, fe y propósito te espera. Ahora, depende de ti dar ese primer paso hacia lo que está por venir.

Capítulo Final:
Un Futuro Lleno de Posibilidades

Abrazando el Futuro con Esperanza, Fe y Propósito

Hemos recorrido un viaje lleno de introspección, desafíos y momentos de transformación profunda. Mientras cerramos este capítulo, el enfoque se desplaza hacia lo que está por venir: un futuro que, aunque incierto, está lleno de potencial y oportunidades. La vida, en su naturaleza cíclica, siempre nos ofrece la posibilidad de un nuevo comienzo, un renacer que nos permite redescubrir quiénes somos y hacia dónde queremos ir.

El Poder de Transformar el Dolor en Esperanza

El dolor y las experiencias difíciles pueden parecer, en el momento, abrumadoras. Nos llevan a cuestionar nuestras decisiones, nuestros sueños y, a veces, incluso nuestro valor. Pero cuando miramos hacia atrás, podemos ver cómo esos momentos fueron, en realidad, semillas plantadas para nuestro crecimiento. Las lecciones más profundas a menudo provienen de los tiempos más oscuros, y cada fracaso, cada pérdida y cada desilusión tiene el potencial de ser un catalizador para un futuro más brillante.

Transformar el dolor en esperanza no significa ignorar lo que hemos pasado, sino reconocer la fuerza que hemos ganado al atravesar esos momentos. Significa entender que cada caída nos ha enseñado a levantarnos con más determinación, que cada puerta cerrada nos ha redirigido hacia caminos que quizás nunca habríamos considerado. Esta es la esencia de un futuro lleno de posibilidades: la capacidad de reinventarnos una y otra vez.

La Importancia de Abrazar el Cambio como un Aliado

El cambio es una constante en nuestras vidas, una fuerza que nos empuja hacia adelante, aunque a veces con resistencia. A menudo, tememos lo desconocido porque nos saca de nuestra zona de confort, nos obliga a dejar atrás lo familiar y a enfrentar nuevas realidades. Sin embargo, es precisamente en el cambio donde se encuentra la verdadera magia de la vida. Cada transición, cada nueva etapa, es una oportunidad para reinventarnos, para descubrir nuevas pasiones y para crecer en formas que nunca habríamos imaginado.

Al mirar al futuro, es vital recordar que no estamos definidos por lo que ha sucedido, sino por cómo elegimos responder. El cambio no debe ser visto como un enemigo, sino como un aliado que nos abre las puertas a nuevas experiencias, a nuevas conexiones y a nuevas versiones de nosotros mismos.

Sanación, Crecimiento y un Nuevo Propósito

La sanación no es un destino final, sino un proceso continuo que nos permite despojarnos de viejas heridas, creencias limitantes y patrones que ya no nos sirven. A medida que sanamos, creamos espacio para que algo nuevo emerja. Esta es la esencia de un renacimiento: dejar atrás el pasado para abrirnos a un futuro lleno de posibilidades.

Un futuro pleno no se trata solo de evitar el dolor, sino de vivir con un propósito renovado. Esto significa alinearnos con lo que realmente valoramos, tomar decisiones que reflejen nuestras verdades más profundas y comprometernos a vivir con autenticidad. Nos convertimos en co-creadores de nuestra realidad, construyendo una vida que no solo se siente exitosa por fuera, sino que también es rica y significativa por dentro.

Abrazando el Futuro con Fe y Confianza

La incertidumbre del futuro puede ser paralizante, pero también es un recordatorio de que cada día es una página en blanco lista para ser escrita. La fe no es la ausencia de miedo, sino la decisión de avanzar a pesar de él. Es confiar en que, pase lo que pase, siempre encontraremos la manera de adaptarnos, de aprender y de crecer. Tener fe en el futuro es tener fe en nuestra capacidad de crear, de superar y de prosperar.

A medida que miramos hacia adelan¡", es'importante mantener viva la esperanza. La esperanza no es solo un deseo optimista; es un acto de coraje, una elección consciente de creer en lo que es posible, incluso cuando las circunstancias no son ideales. Esta actitud nos da la fuerza para enfrentar lo que venga, sabiendo que cada desafío es una oportunidad para elevarnos a nuevas alturas.

Prácticas para Cultivar un Futuro Pleno y con Propósito

Para aquellos que están listos para abrazar un futuro lleno de esperanza y posibilidades, aquí hay algunas prácticas que pueden ser transformadoras:

1. **Establecer una Visión Clara:** Dedica tiempo a imaginar cómo te gustaría que fuera tu vida en los próximos cinco o diez años. Visualiza tus metas, sueños y deseos. Esta claridad te ayudará a mantenerte enfocado y motivado a medida que enfrentas los desafíos que puedan surgir.
2. **Desarrollar una Mentalidad de Crecimiento:** Aborda cada experiencia, ya sea positiva o negativa, como una oportunidad para aprender. Cultiva la resiliencia al ver los fracasos no como el final, sino como lecciones que te acercan un paso más a tus metas.
3. **Practicar la Gratitud y el Agradecimiento:** El poder de la gratitud no puede subestimarse. Agradecer por lo que tienes te ayuda a crear una mentalidad de abundancia y te prepara para recibir aún más en el futuro.
4. **Aceptar la Imperfección:** La vida no es un camino lineal, y la perfección es una ilusión. Aceptar tus errores, tus defectos y tus fracasos es una parte crucial para avanzar con confianza y sin autocrítica innecesaria.
5. **Invertir en el Autocuidado:** Prioriza tu bienestar físico, mental y emocional. El futuro será más brillante cuando lo afrontes desde un lugar de equilibrio y fortaleza interior.

6. **Conectar con una Comunidad de Apoyo:** Rodéate de personas que te inspiren, que te desafíen y que celebren tus logros. Una red de apoyo puede ser un ancla en momentos de duda y una fuente de inspiración cuando necesites un empujón adicional.

7. **Vivir con Intención:** Decide conscientemente cómo quieres que se vean tus días. Ya sea dedicando tiempo a tus pasiones, practicando la meditación, o simplemente pasando más tiempo con tus seres queridos, vivir con intención te permitirá crear una vida que se sienta plena y satisfactoria.

Un Lienzo Lleno de Posibilidades

En última instancia, el futuro es un lienzo que está esperando ser pintado con los colores de nuestras elecciones, acciones y sueños. Al concluir este libro, espero que te sientas empoderado para tomar las riendas de tu vida, para abrazar lo que viene con un corazón abierto y una mente dispuesta.

Que cada día sea una uneva oportunidad para crecer, para amar, para ser agradecido, y para vivir con un propósito que te llene de alegría. Recuerda que el futuro no es algo que simplemente te sucede, sino algo que tú creas activamente con cada pensamiento, decisión y acción. No temas a los cambios, abraza las nuevas posibilidades y ten fe en el hermoso viaje que te espera.

El horizonte está lleno de luz y posibilidades infinitas. Elige avanzar con valentía, sabiendo que el mejor capítulo de tu vida aún está por escribirse.

Embracing the future with hope, faith, and a sense of purpose.

Reflexiones sobre la Persona en la que me He Convertido y el Futuro que me Espera

Al mirar atrás en este viaje, apenas reconozco a la persona que fui al comienzo de todo esto. El dolor, las pérdidas, los finales que alguna vez se sintieron como montañas insuperables — fueron los catalizadores de una profunda transformación dentro de mí. Lo que antes era miedo e incertidumbre, ahora se ha convertido en fortaleza y resiliencia. He crecido de maneras que nunca imaginé y, en el proceso, he descubierto partes de mí que estaban ocultas bajo capas de dudas, culpa y arrepentimiento.

Abrazando el Cambio como un Compañero Constante

Una de las lecciones más grandes que he aprendido es que el cambio no es algo a lo que temerle, sino algo que debemos abrazar. En el pasado, solía resistirme al cambio, aferrándome a lo que era familiar, incluso cuando ya no me servía. Pero a través de este proceso de soltar, he llegado a ver que el cambio no es el enemigo; de hecho, es la fuerza que nos impulsa hacia adelante, el viento bajo nuestras alas cuando tenemos el valor de extenderlas. He aprendido que cada final es una invitación a un nuevo comienzo, y cada desafío es una puerta hacia un entendimiento y crecimiento personal más profundo.

Una Nueva Sensación de Fortaleza y Claridad

Hubo momentos en los que dudé de mi capacidad para resurgir de las cenizas de mi antigua vida. El proceso de sanar y reconstruir no fue fácil — requirió enfrentar verdades incómodas, despojarme de capas de mi antiguo yo, y alejarme de situaciones que ya no estaban alineadas con la persona en la que me estaba convirtiendo. Pero con cada paso hacia adelante, descubrí una fortaleza dentro de mí que nunca supe que existía. Me he vuelto más compasivo conmigo mismo, más paciente con mi proceso, y más indulgente con mis errores del pasado.

He aprendido a escuchar mi voz interior, a honrar mi intuición, y a confiar en que soy capaz de navegar cualquier cosa que la vida me presente. Ya no estoy atado por el miedo al fracaso o el peso de las expectativas; he llegado a verme no como alguien que necesita tener todas las respuestas, sino como alguien que tiene el coraje de buscarlas, de explorar, y de crecer en el camino.

Un Futuro Lleno de Posibilidades

Hoy, miro hacia el futuro no con temor, sino con una sensación de posibilidad y emoción. Lo desconocido, que antes me parecía abrumador, ahora se siente como un lienzo en blanco donde puedo pintar mis sueños, explorar mis pasiones y crear una vida que sea auténtica para mí. He comprendido que el futuro no es un destino fijo, sino un viaje que se despliega con cada elección que hago, con cada riesgo que asumo, y con cada oportunidad que abrazo.

La persona en la que me he convertido es alguien que sabe que el verdadero poder no radica en controlar lo que sucede, sino en elegir cómo responder a ello. He aprendido que, incluso frente a la incertidumbre, tengo el poder de moldear mi realidad, de redefinir mi camino, y de perseguir las cosas que me traen alegría y satisfacción. Ya no veo los desafíos como obstáculos, sino como peldaños que me acercan más a la persona que estoy destinada a ser.

Vivir con un Corazón Abierto a lo Desconocido

Al dar el paso hacia este nuevo capítulo de mi vida, lo hago con un corazón abierto y una mente curiosa. He dejado atrás la necesidad de que todo sea perfecto, abrazando en cambio la belleza de la imperfección y la riqueza que proviene de aceptar la imprevisibilidad de la vida. He comprendido que el viaje es tan importante como el destino, y que los giros y vueltas en el camino son lo que hace que la vida sea verdaderamente significativa.

El futuro es un paisaje de infinitas posibilidades, y estoy emocionado de explorarlo con un renovado sentido de propósito, claridad y esperanza. Estoy agradecido por las lecciones, las luchas, y el crecimiento que me trajeron hasta este momento. Y miro hacia adelante, sabiendo que ya no estoy atado al pasado, sino empoderado por la resiliencia y la sabiduría que he ganado.

A quienes leen esto, les invito a¡"braz'r su propio viaje con valentía y un corazón abierto. Dejen ir lo que ya no les sirve, confíen en el proceso de convertirse, y recuerden que lo mejor está por venir.

Un Futuro Lleno de Potencial: Tu Camino Hacia Adelante

Mientras llegamos al final de este libro, me gustaría dejarte con un mensaje que me ha transformado profundamente: el futuro es un lienzo lleno de posibilidades infinitas. Cada uno de nosotros tiene la capacidad de rediseñar su vida, de aplicar las lecciones aprendidas y de seguir evolucionando. No importa cuántas veces hayas tropezado, ni cuántas veces hayas tenido que empezar de nuevo; lo que importa es tu disposición a continuar, a crecer y a abrazar lo que está por venir.

Ver el Futuro con Nuevos Ojos

A menudo, el futuro puede parecer incierto, y es fácil sentirse abrumado por los "y si..." que invaden nuestra mente. Pero ¿qué pasaría si en lugar de temer lo que viene, lo viéramos como una oportunidad para reinventarnos? ¿Qué pasaría si cambiáramos nuestra perspectiva y viéramos el futuro no como un lugar lleno de riesgos, sino como un espacio donde nuestros sueños pueden florecer? La clave está en abrazar esa incertidumbre con un espíritu abierto, confiando en que cada desafío es una oportunidad para aprender algo nuevo, para ser una mejor versión de nosotros mismos.

Las Lecciones del Pasado como Herramientas para el Futuro

Tu pasado no define quién eres, pero sí te proporciona un mapa lleno de lecciones valiosas. Cada fracaso, cada pérdida, cada final que has experimentado te ha enseñado algo importante sobre la vida y sobre ti mismo. Ahora tienes la sabiduría que solo proviene de haber enfrentado lo que creías que no podías superar. Usa esa sabiduría como tu brújula, deja que guíe tus decisiones futuras y que ilumine tu camino.

Cultiva una Mentalidad de Crecimiento

En lugar de quedarte anclado en lo que podría salir mal, elige enfocarte en las oportunidades que te esperan. Aborda cada nuevo comienzo con una mentalidad de crecimiento, sabiendo que tienes el poder de adaptarte, de aprender y de prosperar. Cuando ves el futuro como un territorio por descubrir, lleno de oportunidades para tu expansión y felicidad, te permites salir del modo de supervivencia y pasar al modo de creación.

Transforma el Miedo en Entusiasmo

Es natural sentir miedo ante lo desconocido, pero también es posible transformar ese miedo en entusiasmo. Permítete sentir esa chispa de emoción cuando pienses en lo que está por venir. ¿Qué sueños has pospuesto? ¿Qué talentos aún no has explorado? Ahora es tu oportunidad de perseguir esos deseos con toda tu energía y pasión. El futuro es tuyo para moldear, y eres capaz de mucho más de lo que crees.

Un Viaje Continuo de Evolución

Recuerda que la vida es un viaje continuo de evolución. No hay un destino final donde todo esté resuelto, sino una serie de capítulos en constante desarrollo. Permítete ser un aprendiz eterno, alguien que está siempre dispuesto a crecer, cambiar y adaptarse. Cada día trae consigo la posibilidad de reinventarte, de redescubrir lo que amas, y de encontrar nuevas formas de ser feliz.

Un Llamado a la Acción

Así que, mientras cierras este libro, te invito a que veas el futuro con ojos llenos de esperanza y curiosidad. Permítete soñar en grande, abrazar el cambio y confiar en que todo lo que has vivido hasta ahora te ha preparado para lo que está por venir. El futuro no es algo que simplemente sucede; es algo que puedes crear con intención y propósito.

Hoy es el primer día del resto de tu vida. Llénalo de significado, de pasión, y de la certeza de que lo mejor aún está por llegar.

Adelante, camina con valentía y con la seguridad de que el futuro está lleno de potencial. La vida no se trata solo de encontrar el camino correcto, sino de tener el coraje de crearlo.

Idea clave: El futuro es tuyo para abrazar

El futuro no es una fuerza aterradora que debamos temer, sino un vasto lienzo abierto esperando ser pintado con las decisiones, acciones y mentalidad que llevamos desde este momento. Cada paso que damos hoy moldea las posibilidades del mañana. Nuestros pensamientos, decisiones y nuestra capacidad para seguir creciendo influyen en la trayectoria de nuestras vidas. Lo que está por venir no es algo fuera de nuestro control, sino algo que estamos co-creando activamente con cada día que pasa. Abrazar el futuro significa reconocer que tenemos el poder de dar forma a nuestro destino.

Reflexión: Enfrenta tu futuro con confianza

Al reflexionar sobre tu propio viaje, te animo a mirar hacia el futuro con confianza, optimismo y fe en tu propia fortaleza. Las lecciones que has aprendido, la resiliencia que has desarrollado y la mentalidad que has cultivado son herramientas invaluables que te ayudarán a recorrer el camino que tienes por delante. Ya no eres definido por tus errores pasados ni por tus limitaciones. En su lugar, eres definido por tu potencial, tu disposición a evolucionar y tu valentía para abrazar lo desconocido con los brazos abiertos.

Sabe que tienes todo lo que necesitas dentro de ti para crear la vida que deseas. Cada momento ofrece una nueva oportunidad para alinearte con tus sueños, tomar acción inspirada y vivir de una manera que refleje tu ser más auténtico. El futuro no es solo algo que te sucede, es algo en lo que participas activamente, y está lleno de infinitas posibilidades. Abrázalo con esperanza, con intención y con la creencia de que tus mejores días están por venir.

Tu futuro es un reflejo de la mentalidad que tienes hoy. Así que da un paso adelante con claridad, sabiendo que posees la fuerza, sabiduría y poder para hacer de él lo que desees.

Epílogo

Un Viaje de Amor, Crecimiento y Dejar Ir

Genesis, siempre ocuparás un lugar especial en mi corazón. Lo que compartimos y seguimos compartiendo a través de nuestra hija, Keani, será para siempre un lazo que trasciende el tiempo y las circunstancias. Pero no puedo negar que dejarte ir fue una de las decisiones más difíciles de mi vida.

Por mucho tiempo, luché por permanecer en tu vida, convencido de que el amor que compartíamos era suficiente para sostenernos. Peleé contra lo inevitable porque creía que aferrarme a ti era lo correcto. Sin embargo, ahora entiendo que, a veces, la verdadera valentía no está en luchar por quedarse, sino en encontrar la fortaleza para dejar ir. Aferrarme no era un acto de amor; aprender a soltar, sí lo fue.

Sé que tal vez me guardes resentimiento o incluso odio. Tal vez pienses que mis errores fueron más grandes que cualquier cosa buena que compartimos. Pero quiero que sepas que mi intención nunca fue herirte, y que, a pesar de todo, jamás he lamentado el tiempo que compartimos. Las risas, las lágrimas, los sueños que construimos juntos, y hasta los desafíos que enfrentamos, son parte de una historia que atesoro profundamente. Nunca he visto nuestra relación como un error, sino como un capítulo lleno de vida, aprendizaje y amor.

Hoy, te dejo ir con un corazón lleno de gratitud. Acepto que nuestra historia, aunque hermosa, llegó a su final. No porque fallamos, sino porque cumplimos el propósito que teníamos en la vida del otro. Lo que compartimos nos moldeó y nos preparó para los caminos que seguimos ahora.

Genesis, nada me haría más feliz que verte realizada, feliz y en paz. Aunque nuestro amor haya cambiado de forma, nunca dejaré de desearte lo mejor. Que la vida te colme de las bendiciones que mereces, y que encuentres en tu camino toda la felicidad que un día soñaste.

Por encima de todo, estoy inmensamente agradecido por nuestra hija. Ella es el regalo más grande que la vida me ha dado, un reflejo del amor que compartimos y la razón por la que siempre estaré agradecido contigo. A través de ella, siempre llevaremos una parte del otro, y ese vínculo será eterno. Mi amor por ella me guía, me da fuerzas y me recuerda que, aunque los caminos se separen, el amor puede trascender cualquier distancia.

Gracias por todo lo que fuimos, por todo lo que me enseñaste y por el privilegio de ser el papá de nuestra hija. Keani es y siempre será la luz de nuestras vidas, el símbolo de lo que una vez compartimos y una razón eterna para celebrar el amor que un día nos unió.

Acerca del Autor

El Dr. Joaquín Starr, PsyD, es psicólogo, escritor y orgulloso padre cuya vida y trabajo se centran en explorar las profundidades de la emoción humana, la resiliencia y la transformación. Con años de experiencia ayudando a otros en sus viajes personales, Joaquín ha desarrollado una comprensión profunda de la sanación y el crecimiento, frecuentemente inspirándose en sus propias luchas y triunfos para conectar de manera auténtica con sus lectores.

Reconocido por su voz auténtica e introspectiva, Joaquín escribe con vulnerabilidad y sabiduría, inspirando a otros a enfrentar los desafíos de la vida con valentía y gracia. Sus reflexiones sobre el amor, la pérdida y el autodescubrimiento sirven como una guía para quienes buscan fuerza y propósito en sus propias historias.

Cuando no está escribiendo o trabajando con sus clientes, Joaquín encuentra paz en la naturaleza, alegría en la música e inspiración en la estrategia y la camaradería de los deportes, especialmente en el béisbol. Estas pasiones lo conectan con la vida, ofreciéndole nuevas perspectivas sobre sus altibajos.

Por encima de todo, Joaquín valora su papel como "papá" de su hija, Keani, quien es su mayor fuente de orgullo y motivación. Su vínculo inquebrantable refleja la belleza de la esperanza y el amor incondicional, incluso frente a los mayores desafíos de la vida.

Este libro es más que una reflexión sobre el viaje de Joaquín: es una invitación sincera a abrazar el poder del cambio, a soltar lo que ya no nos sirve y a descubrir una vida llena de significado, resiliencia y posibilidades infinitas.

Made in the USA
Columbia, SC
13 February 2025

53799575R00086